京津冀科技成果转化

(2014—2024)

天津市科学技术发展战略研究院
河北省科技成果转化促进中心(科技大厦) 著

天津大学出版社
TIANJIN UNIVERSITY PRESS

图书在版编目（CIP）数据

京津冀科技成果转化 ： 2014—2024 / 天津市科学技术发展战略研究院，河北省科技成果转化促进中心（科技大厦）著. -- 天津 ： 天津大学出版社，2024. 12.

ISBN 978-7-5618-7930-6

Ⅰ. F124.3

中国国家版本馆CIP数据核字第202568ST14号

出版发行 天津大学出版社
地　　址 天津市卫津路92号天津大学内（邮编：300072）
电　　话 发行部：022-27403647
网　　址 www.tjupress.com.cn
印　　刷 北京盛通数码印刷有限公司
经　　销 全国各地新华书店
开　　本 710mm×1010mm　1/16
印　　张 11.25
字　　数 184千
版　　次 2024年12月第1版
印　　次 2024年12月第1次
定　　价 48.00元

本书编写委员会

主　编：康苏媛　金　鹿　南永立　高闻言

参　编：（按姓氏笔画排序）

马　倩　马莉莎　仇　什　田　阳

刘志辉　孙加臣　李　迪　李　薇

李箬播　张亚晓　张笑寒　陈　靖

陈丽君　周燕南　郭庆洁

前　言

科技成果转化是科技创新支撑经济高质量发展的重要路径。促进科技成果转化已经成为世界主要国家和地区实现可持续发展的重要举措。美国国防部的科研投资和斯坦福大学的技术转移造就了硅谷的崛起，20世纪80年代出台的《拜杜法案》以及同一时期颁布的系列促进技术转移的法律和计划直接推动了20世纪90年代中后期美国新一轮经济繁荣，并逐步拉大了美国与其他国家的差距。促进科技成果转化也一直是我国科技体制改革的关键议题，随着科技成果转化“三部曲”的推进落实，科技成果转化的体制机制难题逐渐破解，科技与经济的结合日益紧密，但是提高科技成果转化和产业化水平仍然是科技创新发挥引领支撑作用的重要任务。

2023年5月12日，习近平总书记主持召开深入推进京津冀协同发展座谈会，明确指出“要构建产学研协作新模式，提升科技成果区域内转化效率和比重”。2024年春节前夕，习近平总书记视察天津时提出“在发展新质生产力上勇争先、善作为”重要要求。“要及时将科技创新成果应用到具体产业和产业链上，改造提升传统产业，培育壮大新兴产业，布局建设未来产业……”这一重要论述指明了加快发展新质生产力的基本路径。

从外部机遇看，随着新一轮科技革命和产业变革纵深发展，颠覆性、前沿性科技成果大量、持续涌现，抓好成果的落地转化为京津冀抢抓新领域新赛道、赢得新一轮区域竞争提供重要“窗口期”。从战略要求看，随着科技创新战略化、前沿化、融合化趋势不断显现，单个城市的体量无法承载实现高水平科技自立自强的战略使命，需要以城市群为新的战略载体单元配置创新资源要素。京津冀是我国创新驱动发展的三大重要动力源之一，是高水平科教资源聚集高地，“双一流”高校、国字头科研院所等战略科技力量的体量居国内城市群之首。进一步释放北京国际科技创新中心溢出效应，做强京津科创双引擎，强化三地协同创新和产业协作，使京津冀在实现高水平科技自立自强中发挥示范带动作用，是深入推进京津冀科技创新领域走深走实的时代使命。

在京津冀协同发展上升为国家战略十周年之际，编写组立足京津冀协同发展战略需求，以科技成果转化这一促进科技创新和产业创新深度融合的关键路径为切入点，基于三地知识产权与技术市场相关数据与调研实践，撰写《京津冀科技成果转化（2014—2024）》，旨在全面回顾十年间京津冀科技成果转化的政策体系、服务体系、成效进展以及创新主体的转化实践探索，期望通过总结过去十年的有益经验，为京津冀协同发展新十年提供一些思考与启示。

第一章是对本书研究内容的概述。首先，通过明晰京津冀科技成果转化重大战略意义和回顾京津冀科技成果转化十年发展历程，介绍京津冀科技成果转化概况；其次，基于政策体系、技术转移合作、效能水平三个维度，对京津冀科技成果转化发展情况进行评述；最后，深入分析加快发展新质生产力语境下对京津冀科技成果转化的重要要求与提升科技成果转化效率和比重的重要着力点，以期为今后京津冀科技成果转化工作提供重点方向。

第二章主要对2014—2024年京津冀地区的科技成果转化政策进行梳理，以厘清京津冀三地科技成果转化政策体系的现状、特征与演进规律。首先，从政策主体、政策主题、政策工具三个方面分析京津冀三地科技成果转化政策体系的现状；其次，探讨京津冀科技成果转化政策的特征，包括政府功能与市场机制的相互作用、政策供给的阶段性以及政策内容的互补性；最后，分析京津冀科技成果转化政策的演进趋势，从政策探索阶段到政策发展阶段，再到政策完善阶段，展示政策体系的不断优化和完善。

第三章聚焦京津冀三地成果转化服务体系建设，从顶层设计、制度改革、典型模式等多维度详细阐述了三地科技成果转化服务体系概况；同时，立足推进科技成果转化服务的直接主体，重点分析三地科技成果转化机构、技术转移人才培养情况；最后，系统分析了三地推动科技成果转化服务体系建设协同发展的重点做法。

第四章主要从2014—2023年京津冀知识产权发展情况和技术市场发展情况两个方面，对京津冀科技成果转化的成效进行了评估。首先，分析了京津冀三地在专利申请、授权、有效专利数量等方面的增长趋势，展示了科技成果转化在知识产权领域的成果；其次，探讨了技术市场的活跃度，包括技术合同成交额、技术合同项数以及技术市场对经济增长的贡献等方面，通过对比京津冀三地技术市场的发展情况，揭示区域间科技成果转化的差异和协同发展的潜力。

第五章聚焦实践，梳理总结京津冀科技成果转化的创新实践。本章选取京津冀高校科技成果转化、技术转移机构服务、政策引领实施、创新示范区域建设、人才队伍培养方面的 15 个典型案例进行重点介绍，分析各类创新主体的成果转化模式探索、体制机制创新改革举措与成功经验等。

本书的撰写、出版得到北京市科学技术委员会、中关村科技园区管理委员会以及天津市科学技术局和河北省科学技术厅等单位领导和工作人员的指导，北京技术市场管理办公室等单位提供的大力支持，中国技术交易所、中国科学院天津工业生物技术研究所、天津联创科技发展有限公司等单位提供的案例调研支持，以及科技成果转化领域多位专家的指导和帮助。天津大学出版社郭颖老师为本书的出版付出了辛勤劳动。

本书相关数据主要从政府网站、火炬统计年鉴、国家知识产权局年度报告、合享 incoPat 专利数据库等公开渠道获取，可能与其他研究、统计在口径、标准等方面存在差异。作者在编写本书的过程中学习参考了多位专家学者的研究成果及文献资料，在本书最后已集中列出，若有遗漏，敬请谅解。受作者学识、精力和时间的限制，书中难免存在纰漏或不足之处，敬请广大读者批评指正。

目　录

第一章　京津冀科技成果转化概述……………………………………………………1

第一节　京津冀科技成果转化概况……………………………………………………1
第二节　京津冀科技成果转化发展现状………………………………………………5
第三节　发展新质生产力语境下京津冀科技成果转化的重点方向…………11

第二章　京津冀科技成果转化政策体系建设……………………………………17

第一节　京津冀科技成果转化政策体系现状…………………………………17
第二节　京津冀科技成果转化政策演进特征…………………………………36

第三章　京津冀科技成果转化服务体系建设……………………………………55

第一节　京津冀科技成果转化服务体系建设进展……………………………55
第二节　京津冀科技成果转化机构发展………………………………………61
第三节　京津冀技术转移人才培养……………………………………………66
第四节　京津冀科技成果转化服务体系协同发展……………………………69

第四章　京津冀科技成果转化成效与进展………………………………………71

第一节　京津冀知识产权发展情况……………………………………………71
第二节　京津冀技术市场发展情况……………………………………………88

第五章　京津冀科技成果转化创新实践……………………………………98

第一节　高校科技成果转化案例……………………………………………99

第二节　科技成果转化机构服务案例……………………………………108

第三节　科技成果转化政策落实案例……………………………………116

第四节　科技成果转化区域创新模式案例………………………………125

第五节　技术转移人才培养案例…………………………………………136

参考文献………………………………………………………………………145

附录 A：北京市 2014—2024 年科技成果转化政策文件………………148

附录 B：天津市 2014—2024 年科技成果转化政策文件………………157

附录 C：河北省 2014—2024 年科技成果转化政策文件………………164

第一章　京津冀科技成果转化概述

科技创新是实现高质量发展的重要引擎，科技成果转化则是促进科技创新的关键。在新一轮科技革命的浪潮中，促进科技成果转化为现实生产力已经成为提高全要素生产率、加快发展新质生产力的迫切需求。科技成果转化已成为提升国家创新体系整体效能的重要着力点和关键所在，是我国建设科技强国、实现科技自立自强、推进高质量发展的有力支撑。自2014年京津冀协同发展上升为国家战略以来，十年间集聚了丰富的科技资源，带动京津冀三地产业快速发展，区域经济等各方面发展取得显著的成效。京津冀科技成果转化成效作为京津冀协同发展国家战略深化实施的标志，对推动创新驱动发展、实现科技与经济深度融合具有关键作用。本章将对京津冀科技成果转化的重大战略意义、十年历程、发展情况以及发展新质生产力语境下工作的重点方向等内容进行介绍。

第一节　京津冀科技成果转化概况

当前，新一轮科技革命和产业变革加速演进，加强原始创新、将科技创新成果及时应用到产业和产业链上，是区域率先孕育未来产业、赢得竞争优势的关键之举。科技成果转化重要性愈加凸显，明晰其重大战略意义以及回顾其过去十年的发展历程，将有助于了解京津冀科技成果转化发展状况。

一、京津冀科技成果转化的重大战略意义

（一）强化国家战略支撑

当今世界科技发展日新月异，科技成果转化的重要性愈加凸显。党的十九

届五中全会明确提出要完善科技创新体制机制。显著提升科技成果转化的效率势在必行，科技成果转化已成为科技战略支撑作用发挥的关键环节和动力源泉。《中华人民共和国国民经济和社会发展第十四个五年规划和2035年远景目标纲要》（简称“十四五”规划）进一步强调，要深化科技管理体制改革，完善国家科技治理体系，优化国家科技计划体系和运行机制，创新科技成果转化机制。在全球科技创新竞争日益激烈的背景下，加快科技成果的转化和应用，能够增强国家在关键技术和核心技术领域的自主创新能力和国际竞争力。京津冀作为我国重要的科技创新高地，其科技成果转化能力的提升，加快了新技术、新产品的研发和推广，不仅能够为我国科技进步和产业升级提供有力支撑，还能够在一定程度上影响和引领全球科技创新趋势，增强我国在全球范围内的影响力和竞争力。

（二）推动区域经济高质量发展

通过科技创新引领区域经济高质量发展，是京津冀协同发展战略的重要推动力。科技成果转化作为京津冀协同战略中科技与经济紧密结合的关键环节，对提高区域全要素生产率，实现高质量发展至关重要。科技成果转化作为连接科研与市场的桥梁，能够将先进的科技成果迅速转化为现实生产力，促进产业结构的转型升级，提高区域经济整体竞争力和可持续发展能力。研究表明，高新技术产业的发展能力与经济增长之间存在明显的正相关关系，进一步证明了科技成果转化对经济增长的重要推动作用。北京作为国际科技创新中心，其丰富的科研资源和技术储备，与天津市和河北省的良好产业基础与市场潜力相结合，形成了一个优势互补、协同发展的创新生态系统。将北京的科技创新优势转化为实际生产力，进而带动天津和河北科技与经济发展，能为培育京津冀区域增长极和实现区域经济的高质量发展提供新的动力。

（三）加快科技创新体系建设

京津冀科技成果转化是加速构建京津冀科技创新体系的关键环节。建立科技成果供需清单机制、完善科技成果转化服务体系等措施，可以有效提高科技成果的产业化水平。加强科技成果转化，促进京津冀三地科研机构、高等院校与企业深度合作，可以形成产学研用紧密结合的创新链条，能够加快科技成果的应用和产业化进程，促进科技资源的高效配置和利用，提高科技创新的整体效能。京津冀三地共同打造的国家技术创新中心，增强了技术攻关和成果转化能力，提升了区域内企业的自主创新能力和市场竞争力，还吸引更多的高端人才和创新资源向区域集聚，为区域创新发展提供强有力的人才支持，进一步巩固了京津冀在全国乃至全球的科技创新地位。

（四）促进创新链与产业链深度融合

推动产业链与创新链的深度融合是解决北京科技成果在津冀落地难问题和应对全球产业链重构挑战的重要着力点。科技成果转化是一个涵盖多种不同主体的复杂过程，构建高效、协调的科技成果转化体系，对推动创新链与产业链深度融合至关重要。京津冀科技成果转化通过政府引导和市场机制，推动资源要素在京津冀集聚，加大对关键技术的研发投入，突破技术瓶颈，能够提升产业链的技术水平，同时核心技术在产业链中的应用，还可以促进产业转型升级，提高产业链的附加值。京津冀通过建立科技成果转移转化平台，提供技术交易、知识产权保护、技术咨询等科技成果转化服务，促进科研机构与企业之间的有效对接，帮助企业找到适配的科技成果，加速企业技术创新和产品升级，从而推动产业链向高端化发展。京津冀科技成果转化有助于推动京津冀城市群产业集群的创新发展，促进产业集群内部技术交流与合作，加强产业链上下游协同，形成产业集群创新生态，提升产业集群整体竞争力，形成创新驱动的发展模式。

二、回顾京津冀科技成果转化十年历程

（一）2014—2016年，京津冀科技成果转化进入顶层设计推进发展阶段

2014年2月，京津冀协同发展上升为重大国家发展战略，习近平总书记

提出并高度重视京津冀协同创新共同体建设。2015 年 4 月 30 日，中共中央政治局审议通过《京津冀协同发展规划纲要》，要求做好北京原始创新、天津研发转化、河北推广应用的衔接，推动形成京津冀协同创新共同体，京津冀科技成果转化进入了新时代推进阶段。为加快实施创新驱动发展战略，鼓励创新主体转移转化科技成果，党中央和国务院高瞻远瞩，从战略高度进行全面部署。2015 年 8 月，《中华人民共和国促进科技成果转化法》进行修订。2016 年 3 月、4 月国务院相继印发《实施〈中华人民共和国促进科技成果转化法〉若干规定》和《促进科技成果转移转化行动方案》。至此，促进科技成果转化的“三部曲”完成，在法律层面上正式规范了科技成果转化的责权利等方面，为科技成果转化提供了强有力的法律制度保障，激励了京津冀科技成果转化逐步推进。此阶段，在政策层面，京津冀三地共同签署了《京津冀协同创新发展战略研究和基础研究合作框架协议》，旨在建立长效合作机制，共同推进京津冀区域协同创新机制，打造京津冀协同创新发展“软环境”。在资金投入方面，国家科技成果转化引导基金在 2016 年设立了专门针对京津冀地区的创业投资基金，进一步促进了区域内的科技成果转化。在平台建设方面，中关村国家自主创新示范区领导小组发布了《中关村国家自主创新示范区京津冀协同创新共同体建设行动计划（2016—2018 年）》，旨在推动跨区域创新创业生态系统初步构建，共建一批创新社区和技术交易平台，这些平台不仅促进了技术交易和信息共享，还形成了多层次资本市场体系，为科技成果的落地提供了有力支持。

（二）2017—2019 年，京津冀科技成果转化进入全面布局加强合作阶段

随着京津冀协同发展战略的深入实施，科技成果转化的步伐加快，政策支持与机制不断完善。2017 年 4 月，党中央立足国家未来发展全局，为进一步推动京津冀协同发展，作出了设立雄安新区的重大历史性战略部署，对深化京津冀协同发展、打造京津冀协同创新共同体产生了深远影响，其在强化技术研发和转移交易、成果孵化转化等方面发挥重要作用。2018 年 11 月，为进一步

打造京津冀协同创新共同体，京津冀三地共同签署《关于共同推进京津冀协同创新共同体建设合作协议（2018—2020年）》，推动区域科技资源共享和创新成果转移转化，实现创新链、资金链、人才链、产业链深度融合。在这一阶段，京津冀地区的科技成果转化率有了明显提升，特别是在高新技术产业领域，如电子信息、生物医药等领域，三地通过共建创新走廊和产业园区，有效推动了科技成果转化。

（三）2020—2024年，京津冀科技成果转化进入深化协同高质量发展阶段

进入"十四五"发展阶段，京津冀三地更加注重颠覆性技术和原创性成果的研发与转化，这一阶段的特点是更加强调高质量发展和创新驱动，政府不仅继续强化政策支持，还着力于构建更加完善的创新生态系统，包括优化创新资源配置、加强知识产权保护等，以实现科技成果的高效转化。京津冀三地科技部门共同签署了《关于开展京津冀三地间技术交易数据共享的合作协议》等一系列框架协议，围绕科技成果转化、联合创新攻关、创新生态建设等方面，加强务实合作，构建一体化协同创新生态。党的二十大报告明确指出，要加强企业主导的产学研深度融合，强化目标导向，提高科技成果转化和产业化水平，完善科技创新体系，统筹推进区域科技创新中心建设。特别是2023年5月，习近平总书记于河北石家庄深入推进京津冀协同发展座谈会上指出，要构建产学研协作新模式，提升科技成果区域内转化效率和比重。此后发布的《促进科技成果转化 协同推动京津冀高精尖重点产业发展工作方案（2023年）》搭建了京津冀科技成果转化供需清单，建立了三地共享的科技成果库，促进了科技成果共享和转化。

第二节　京津冀科技成果转化发展现状

了解京津冀科技成果转化发展现状，有利于深入把握区域内科技资源的配

置效率和利用情况，明晰科技成果产业化的进展和挑战，评估科技政策的成效，体现区域间协同创新进展。通过对京津冀科技成果转化发展现状的梳理，识别转化过程中的障碍与挑战，对未来科技成果转化工作中的政策制定、资源投入和战略规划以及推动京津冀区域科技与经济深度融合，具有重要参考意义。

一、京津冀科技成果转化政策体系持续完善

科技成果转化政策在科技创新体系中扮演着至关重要的角色，为科技成果转化提供了政策扶持、法律保障、科学管理等方面的顶层设计。过去十年间，京津冀三地科技部门在科技成果转化法律责任与制度建设、科技成果信息交汇、科技中介服务等方面制定了一系列政策，探究和比较京津冀科技成果转化政策，客观评价京津冀十年间科技成果转化政策体系建设情况，对深入了解京津冀科技成果转化工作至关重要。

根据不同的功能，当前京津冀科技成果转化政策大致分为环境型、供给型和需求型三个类别。从总体上看，京津冀三地对这三类政策工具的使用情况大致相同，均呈现出供给型、环境型政策较多，而需求型政策较少的特点。从参与制定及颁布政策的主体来看，北京市各主体中北京市科学技术委员会（简称“北京市科委”）和中关村科技园区管理委员会（简称“中关村管委会”）发布的政策最多，天津市各主体中天津市科学技术局（简称“天津市科技局”）和天津市人民政府办公厅发布的政策最多，河北省各主体中河北省科学技术厅（简称“河北省科技厅”）、河北省人民政府以及河北省人民政府办公厅发布的政策最多。基于科技成果转化政策内容视角梳理发现，京津冀三地政策内容各有侧重，北京市侧重于激发创新活力、优化创新生态和推动产业升级，天津市侧重于促进产业转型升级和构建现代产业体系，河北省侧重于承接京津转移转化的科技成果和推动区域协同发展，三地政策内容互补，产生合力，共同促进京津冀科技成果转化。

近年来，京津冀三地为实现科技成果转化协同发展，联合出台多项科技成果转化联动政策，着力构建一体化跨区域科技成果转化体系。2014 年，北京

市科委、天津市科委（即天津市科学技术委员会，2018 年组建为天津市科学技术局）、河北省科技厅在津正式签署《京津冀协同创新发展战略研究和基础研究合作框架协议》，协议强调要建立京津冀区域协同创新发展战略研究和基础研究的长效合作机制，搭建三地共同研究战略平台，开展基础研究合作，在重点领域设立合作专项等，重点聚焦科技创新一体化、生态建设、产业协同发展、政策协同创新、科技资源共享等方面，打造京津冀科技协同创新发展的“软环境”。2023 年 8 月，北京市科委、中关村管委会、天津市科技局、河北省科技厅等共同审议通过了《促进科技成果转化 协同推动京津冀高精尖重点产业发展工作方案（2023 年）》，从建立科技成果供需清单机制、推动科技成果转化服务体系建设、促进重点产业协同创新发展三方面提出了十项重点任务。2023 年 11 月，北京、天津、河北三地人民代表大会常务委员会（简称“人大常委会”）审议通过《关于推进京津冀协同创新共同体建设的决定》，旨在加快建设北京国际科技创新中心和高水平人才高地，构建产学研协作新模式，为提升区域协同创新能力提供参照。

北京市作为国际科技创新中心，集聚了全国最为丰富的科技创新资源，科技成果转化政策涵盖维度全，2014 年 1 月、6 月和 2019 年 10 月分别制定了“京校十条”（《加快推进高等学校科技成果转化和科技协同创新若干意见（试行）》）、“京科九条”（《加快推进科研机构科技成果转化和产业化的若干意见（试行）》）和“科创 30 条”（《关于新时代深化科技体制改革加快推进全国科技创新中心建设的若干政策措施》）等突破性政策，实施科技成果处置、使用、收益“三权”改革，设置科技成果转化专门岗位；2019 年 11 月颁布了《北京市促进科技成果转化条例》，建立健全科技成果转化议事协调机制；2022 年 1 月出台了《关于打通高校院所、医疗卫生机构科技成果在京转化堵点若干措施》，促进各类创新要素顺畅流动，全面打通科技成果转化政策的堵点。

天津作为全国先进制造研发基地，紧随国家科技成果转化“三部曲”，结合自身科技发展需要，2017 年 7 月制定了《天津市促进科技成果转化条例》；2022 年 4 月发布了《天津市促进科技成果转化后补助办法》，首次提出“1+4”技术转移机构分类，促进科技成果转化和技术交易；为深入贯彻习近平总书记视察天津重要讲话精神，2024 年 5 月发布了《关于进一步支持天开高教科创园高质量发展的若干政策措施》，以扎实推进天开高教科创园“一核两翼多点”建设，印发《关于进一步推动科技成果转化创新改革的若干措施》，全面推进科技成果使用权、处置权、收益权改革。

河北作为京津冀协同发展的重要一极，相对于京津，有一定的技术转移梯度。但河北省通过深化科技体制改革构建了完善的科技成果转化体系。早在 2003 年河北省人大常委会就颁布了《河北省促进科技成果转化条例》，并于 2016 年修订；为吸引京津科技成果在河北省实现有效转化，2022 年 10 月河北省人民政府办公厅印发了《关于进一步吸引京津科技成果在冀转移转化的若干措施》，这是少见的以跨区域成果转化为主题的政策文件。2020 年 12 月河北省科学技术厅发布《河北省促进科技成果转化和产业化资金使用实施细则（暂行）》，旨在规范和加强科技成果转化和产业化资金的管理，提高资金使用效率。

二、京津冀技术转移合作网络日益紧密

技术转移作为推动技术在不同城市或区域间流动、缩小技术创新差距的关键手段，为推进科技成果转化提供了有力支撑。2014—2024 年，京津冀三地在技术转移体系建设工作中，都作出了有益探索和生动实践。现阶段，京津冀三地技术创新能力差距较为明显，但同时也意味着存在由先发地区北京向天津市与河北省转移扩散的发展空间，从而促进京津冀区域整体创新能力的提升。

为最大限度发挥北京市技术转移对京津冀区域间的知识溢出和创新合作的辐射带动作用，北京市政府以及科技部门在政策制定、机构建设、人才培养等方面加强谋划和部署，出台了《北京市促进科技成果转化条例》、“京校十条”、“京科九条”、“科创 30 条”等突破性政策和重点领域成果转化政策。天津市在技术转移体系建设方面采取了一系列措施，包括出台技术转移体系建设方案、完善科技成果评价机制和提出“1+4”技术转移体系建设思路等，以促进科技成果的转化和应用。河北省为积极承接京津科技成果转化，出台技术转移体系建设实施方案，加强技术转移机构管理，建设国家科技成果转移转化示范区，

完善技术转移体系。

京津冀科技成果转化机构种类繁多，主要包括技术转移机构、技术交易市场、新型研发机构以及概念验证平台、中试基地等，它们通过政策互动、资源共享和市场开放等措施，积极推动京津冀地区的科技成果转移转化，提升区域内科技成果转化的效率和比重。

北京市科技成果转化机构的发展一直走在全国前列，近年来在多层次布局从国家级到地方级、从高校到研究机构的技术转移机构体系，建设以中国技术交易所为核心的技术交易市场，重点在合成生物制造及未来产业领域布局一批新型研发机构，概念验证平台建设等方面取得了显著成效。天津市采用以下方式推动科技成果转化机构发展：通过以市级成果展示交易平台为核心，涵盖高校院所类、行业类、服务类、区域类等四类机构的“1+4”培育模式来布局技术转移机构，大力建设技术交易市场；积极培育建设以产业技术研究院为核心的一批新型研发机构；聚焦生物医药、智能制造领域布局概念验证平台。河北省在科技成果转化机构建设上聚焦提升河北吸引京津科技成果转化孵化的能力，在加速建设技术转移机构和技术交易市场、发展新型研发机构、布局中试基地等方面成效显著，同时抢抓协同创新战略机遇，推动“一南一北一环”三大创新平台的建设，包括河北·京南国家科技成果转移转化示范区、科技冬奥绿色廊道和环首都现代农业科技示范带，成功转移转化多项京津科技成果。

加强科技成果转化关键在于人才，强大的技术转移人才队伍是京津冀科技成果转化的重要支撑。在京津冀协同发展战略的推动下，京津冀地区在技术转移人才培养方面取得了显著进展，通过构建多层次、多领域的技术转移人才培养体系，采取包括加大技术转移人才培养政策支持、建立多维度技术转移人才培养体系与拓展技术转移人才职业发展等做法，推动技术转移人才专业化、市场化、国际化发展，为京津冀科技成果转化提供有力的人才支撑和智力支持。

北京市在技术转移人才培养方面形成了“学历教育＋职业教育＋继续教育＋创新教育”的“四位一体”人才培养体系，将技术转移人才培养纳入学历教育，依托“国培基地（北京）”（“国培基地”即“国家技术转移人才培养基地”）开展市场化培训，还推动技术经纪人的职业化发展，2019 年增设技术经纪专业职称，在全国率先实施技术经纪人进场制，在技术转移人才培养方面发挥了引领作用。天津市除将技术转移人才培养纳入学历教育，依托“国培基地（天津）”开展技术转移人才市场化培训外，2020年在工程技术职称系列中增设技术经纪专业职称，通过打造“技术经理人”队伍，推动科技成果在本地转化落地。河北省积极在技术转移人才培养方面采取一系列措施，通过制定《河北省重大科技成果转化行动实施方案》，明确了加强技术转移人才培养的任务，依托“国培基地（河北）”对技术转移人才开展市场化培训，并于2023年在技术经纪领域正式建立职称评审体系，增设技术经纪专业职称。至此，京津冀三地均在职称序列中增设了技术经纪专业职称，为从事技术转移、成果转化的专业人员提供职称晋升通道。京津冀地区正通过一系列政策制定、教育培训、服务网络建设等手段，共同推进技术转移人才的培养和发展。

三、京津冀科技成果转化效能明显提升

科技成果转化是科技创新活动的关键环节，其成效直接关系到科技创新活动的最终价值及其在经济社会中的作用。自京津冀协同发展战略实施以来，区域内积累了丰富的创新资源并打下了坚实的产业基础，京津冀协同创新共同体的建设已初见成效，科技成果转化也取得显著进展。对京津冀科技成果转化成效进行评价，有助于各城市客观地认识和提升自身的科技成果转化水平，以加强宏观布局并进行整体改进。

专利作为一种知识产权的形式，其质量和数量在一定程度上反映了一个国家或地区的科技创新能力和科技成果转化效率。专利的相关指标中，专利申请数能够反映科技创新活动的活跃程度和创新主体的研发投入，有效专利数则更加注重专利的质量和实际应用价值。本书选取专利相关统计数据作为衡量京津冀知识产权发展情况的指标，以全面评估京津冀科技成果的转化成效。

2014—2023年，京津冀地区专利申请数和有效专利数呈现出较快的增长态势。发明专利因技术含量较高，成为衡量一个地区自身原始创新能力的重要指标。北京在发明专利的数量以及每万人发明专利拥有量方面始终处于领先地位，显示出其作为科技创新中心强劲的创新实力。2023年，天津每万人发明

专利拥有量为 18.9 件，河北省为 9.63 件，虽均超过了全国的平均水平但也反映出京津冀三地在创新能力上存在显著差异。

技术市场通过促进科技成果的商品化和产业化，加快了科技成果的产业化进程，为科技与经济的融合提供了重要支撑。技术市场的相关指标如技术合同成交额和技术合同项数等，能够直接反映科技成果的市场需求和经济价值，量化科技成果的市场表现，揭示科技成果在不同行业和技术领域的应用潜力和市场需求。本书选取技术合同成交额、技术合同项数、技术合同金额占国内生产总值（GDP）的比重等作为衡量京津冀技术市场发展情况的指标，为京津冀科技成果转化成效评价提供新的视角。

回顾过去十年京津冀技术市场的发展，北京市积极发挥其作为全国科技创新中心的优势，在技术合同成交额、技术合同项数以及技术合同金额占 GDP 的比重方面均位居首位。天津市通过提升市场化配置水平，保持技术市场的稳步增长，其技术合同金额占 GDP 的比重在全国排名领先，同时对京冀地区的技术输出和吸纳均实现了显著增长。河北省则致力于推动技术市场的快速发展，促进科技成果在本省的落地和转化，技术市场发展迅猛，在过去十年中，技术合同成交额的年均增长率达到了 57.6%，输出到京津冀三地技术合同成交额总量增长 40.9 倍。

总体来看，京津冀三地在技术市场发展上各有优势，通过协同发展，进一步提升了区域整体的科技成果转化能力和经济贡献。

第三节　发展新质生产力语境下京津冀科技成果转化的重点方向

科技创新是发展新质生产力的核心要素。新质生产力的形成依赖于技术的革命性突破和生产要素的创新性配置，提高科技成果转化水平成为发展新质生产力的重要途径，也是科技创新与产业创新有效对接的关键环节。近年来，京津冀三地科技成果丰硕，质量和数量均有显著提升。抓住加快发展新质生产力的契机，明晰新形势下强化京津冀科技成果转化的重要要求与新阶段提升京津冀科技成果转化效率和比重的重要着力点，可为今后京津冀科技成果转化工作提供重点方向。

一、新形势下强化京津冀科技成果转化的重要要求

（一）抓住推进京津冀中国式现代化建设先行区、示范区建设的契机

习近平总书记2023年在河北考察时强调，要推动京津冀协同发展不断迈上新台阶，努力使京津冀成为中国式现代化建设的先行区、示范区。京津冀城市群作为中国重要的增长极，其科技成果转化能力直接影响着整个区域的创新驱动发展进程和经济结构的转型升级。在京津冀协同发展国家战略的指导下，京津冀三地要加快推进中国式现代化建设先行区、示范区建设，助力提升科技成果区域内转化效率和比重。沿着习近平总书记指引的方向，先行区和示范区建设能够促使三地构建产学研协作新模式，推动创新链、产业链、资金链和人才链深度融合，促进科技成果就近落地，提升北京科技成果在京津冀区域内转化、产业化的效率和比重，加强区域科技成果协同转化，从而提升区域整体的科技成果转化能力。

（二）把握因地制宜发展新质生产力的机遇

当今全球技术与经济呈现出跨领域深度交叉融合的特点，加快发展新质生产力的需求应运而生，发展新质生产力成为实现高质量发展和全面建设社会主义现代化国家的有力手段，可摆脱传统经济增长方式，改变生产力的发展路径。新质生产力具有高效能特征，由产业深度转型升级催生。科技成果转化在驱动产业结构转型升级、推动新兴产业快速发展、提高产业技术水平与附加值和增强产业核心竞争力等方面的重要性日益凸显。京津冀三地应把握加快发展新质生产力的机遇，因地制宜进行统筹，大幅提升科技成果转化能力与效率，将先进科技创新成果转化为现实生产力，推动生产力向更高级、更先进的质态

演进。

（三）抢抓科技和产业变革、成果群涌的战略机遇

在当前科技和产业变革、成果群涌的大形势下，技术创新成为推动经济发展的关键力量。京津冀作为国家重要的科技创新基地，其科技成果转化能力的提高不仅是实现区域科技创新成果落地应用的关键，也是提升国家科技创新能力的重要途径。京津冀城市群拥有丰富的科技资源和人才优势，应抓住新一轮科技和产业变革的机遇，聚焦国家战略和经济社会发展的现实需要，以关键共性技术、前沿引领技术、现代工程技术、颠覆性技术的创新为突破口，充分发挥区域优势，健全和完善科技创新体系，打造高精尖产业体系，联合攻关关键核心技术，通过深化改革、优化环境、加强合作，有效提升区域内科技成果转化能力，助力实现科技成果的广泛应用，为区域乃至全国科技成果转化工作的改进注入新的动力。

（四）落实科技创新和产业创新深度融合的要求

科技创新能够催生新产业、新模式、新动能，及时将科技创新成果转化为现实生产力的生态和机制，进而应用到具体产业和产业链上，能够助力改造提升传统产业，培育壮大新兴产业，推动产业转型升级。习近平总书记指出，要以科技创新为引领，统筹推进传统产业升级、新兴产业壮大、未来产业培育，加强科技创新和产业创新深度融合[①]。京津冀地区科技创新和产业创新深度融合的核心在于通过科技创新引领区域协同发展，实现三地优势互补和资源共享，不仅要求三地在政策、资金、人才等方面进行深度合作，还要求构建高效的科技成果转化机制。京津冀城市群作为我国科技创新资源的重要集聚地，具有巨大的创新潜力和产业升级需求，科技成果转化可以将北京的科技创新优势、天津的先进制造研发优势以及河北的产业基础优势结合起来，形成区域科技创新和产业创新的整体合力，推动京津冀城市群成为我国乃至全球重要的科技创新高地和经济增长极。

① 《习近平在参加江苏代表团审议时强调：因地制宜发展新质生产力》，《人民日报》2024 年 3 月 6 日第 1 版。

二、新阶段提升京津冀科技成果转化效率和比重的重要着力点

(一)强化京津冀科技成果转化政策支撑

良好的科技政策能够为科技成果转化提供坚实的基础和保障，这不仅涉及政策的制定和实施，还包括对现有机制的完善与创新。三地政策制定需关注科技成果转化全链条，从基础研究到技术开发，再到产品市场化，每一个环节都需要政策的支持和引导，包括资金投入、税收优惠、金融服务等多方面的综合政策支持，以降低科技成果转化的风险和成本。三地政策制定应聚焦于激发创新主体的活力，通过政策引导，强化企业的科技创新主体地位，以合理的利益分配机制和加强知识产权保护激发科研人员的研发积极性。三地政府应协同合作，制定政策措施，打通科技成果转化政策的堵点，扫除阻碍科技成果转化的体制障碍，有效解决科技成果转化“最后一公里”等问题，助力科技成果转化效率和比重提升。

(二)推进京津冀科技成果转化网络体系共建

京津冀城市群拥有丰富的科技资源和人才优势，北京作为国际科技创新中心，其研发实力雄厚，而天津和河北则在产业基础和制造能力上具有明显优势，三地可以充分发挥各自优势，打造科技成果转化网络体系，实现资源共享和优势互补，从而加速科技成果的转化和产业化。在今后的发展建设中，三地应当全面贯彻习近平总书记关于深入推进京津冀协同发展的重要讲话精神，落实《京津冀协同发展规划纲要》的要求，推进京津冀协同创新共同体建设，坚持以科技创新为核心，建立健全区域协同创新体系，以市场为导向、企业为主体，产学研用深度融合，通过政策引导、资金支持和机制创新，加强在科技成果转化方面的合作，优化科技成果转化环境，建立跨区域的科技成果转化联盟与合作平台，促进资源共享和优势互补，进一步推动科技成果转化。

（三）加强京津冀科技成果转化服务体系建设

服务体系的完善为创新活动提供了全方位的支持，孵化器、加速器、技术交易市场等，为科技成果提供了从实验室到市场的全链条服务。科技成果转化服务体系通过提供技术评估、市场分析、法律咨询等服务，帮助科研人员和企业降低转化风险，加快科技成果的商业化进程。京津冀应充分利用各种平台实现三地科技创新资源双向流通和有效互动，推动大型科研仪器等科技资源的开放共享。共建共享“京津冀科技创新服务平台地图”，集中呈现区域内的成果转化平台、创业孵化平台、产业创新平台、科技服务平台、产业空间载体等平台资源，促进三地深度合作与科技成果转化，提高科技成果转化的效率，为提升科技成果转化水平注入新的动能。

（四）加快京津冀科技成果转化人才培养

培养专业化人才是切实提升科技成果转化水平的重要需求。京津冀三地拥有丰富的高等教育资源和科研机构资源，是培养和吸引高层次科技人才的重要基地。京津冀三地应积极探索人才培养新机制，完善课程体系，培养高质量科技成果转化人才队伍，建立科技人才服务保障体系。建立和完善京津冀科技成果转化人才培养服务平台，提供人才培训、交流、实践等服务，促进人才的成长和发展。政府应建立成果转化人才共享机制，鼓励高校、科研机构和企业间的人才交流与合作，为在京津冀三地就业的专业化人才提供更好的科研条件、生活保障和职业发展机会，在子女教育、健康医疗、配偶就业等方面加大保障力度，助力人才引进，激发科技人才的创新活力和创造力。

（五）增强京津冀科技成果转化科技金融支持

科技与金融的深度融合，不仅能够为科技创新提供充足的资金支持，还能够促进科技成果转化效率的提升，加快科技成果的产业化进程。增强京津冀科技成果转化的科技金融支持，构建多层次的科技金融服务体系，包括建立科技银行、科技保险、科技担保、科技融资租赁等多种金融服务形式，为处于不同发展阶段的科技企业提供全方位的金融支持。充分发挥政府引导基金的作用，设立科技成果转化基金、创业投资引导基金等，引导社会资本投入科技创新领域。完善科技金融政策环境，通过制定一系列优惠政策，如税收减免、财政补贴、贷款贴息等，激励金融机构和投资者支持科技成果转化。京津冀三地应构建区域协同的科技金融服务体系，通过建立跨区域的科技金融合作平台，促进三地科技金融资源的共享与流动，实现区域内科技金融资源的优化配置，积极支持科技成果转化。

在全球化和技术革新的浪潮中，京津冀地区作为我国科技创新的重要高地，其科技成果转化能力尤为重要。本节探讨了在新形势下强化京津冀科技成果转化的必要性，提出要抓住中国式现代化建设先行区、示范区建设的契机，把握因地制宜发展新质生产力的机遇，以及落实科技和产业变革与深度融合。在此基础上，进一步阐述了提升京津冀区域内科技成果转化效率和比重的重要着力点，包括强化政策支撑、推进网络体系共建、加强服务体系建设、加快人才培养和增加科技金融支持等方面，它们共同构成了促进科技成果转化的多维框架，旨在通过政策引导、平台建设、体系建设、人才培养和金融创新等措施，激发京津冀区域创新活力，推动科技成果从实验室到市场的全链条转化。

总体而言，本章简要介绍了京津冀科技成果转化的重大战略意义，回顾了过去十年的发展历程，阐述了京津冀科技成果转化的政策、技术转移与成效，明晰了未来在发展新质生产力语境下科技成果转化工作的重点方向。接下来，本书将会对京津冀科技成果转化情况展开具体介绍，以期为后续京津冀科技成果转化工作提供一定的借鉴和参考，这对推动京津冀协同发展和区域经济的高质量发展具有重要的指导意义。

第二章　京津冀科技成果转化政策体系建设

科技成果转化政策是政府推行的一系列旨在加速科学技术成果从研发机构向产业界转移并最终实现市场价值的公共政策手段。其核心目的在于缩短从创新发明到商业化应用的时间，以促进潜在生产力迅速转化为实际生产力。该政策实质聚焦于政府的激励机制，即探索有效方式以激发和促进技术创新的诞生及其广泛传播。政府追求的主要目标是提高技术创新产生与扩散的时效并优化成本结构，同时最大化技术创新所带来的经济效益。为此，政府通过影响技术活动的各个环节来推动或调控技术创新进程。在技术维度上，这些活动涵盖了技术成果的获取、技术的探索与筛选、技术的评估与优化、技术的应用实践，以及技术创新的广泛传播等。在财税金融维度上，则涉及研发资金的投入、风险资本的引入、创新项目的投资、市场开发的资金支持、研发补贴的发放、税收优惠政策的实施，以及加速折旧等。因此，科技成果转化政策超出了单纯的科学技术政策或产业政策的范畴，它与这两者紧密相关，但又站在一个更为宏观的高度，是政府为了促进科技与经济的深度融合而制定的一种综合性政策。

总结京津冀地区十年来的科技成果转化政策体系建设，对评估过去的发展成果和指导未来的政策制定具有重要意义。本章将从“现状分析—演进脉络—比较特征”三个维度层层递进，对2014—2024年京津冀地区的科技成果转化政策进行梳理，厘清其特征及协同效应，以推动京津冀科技成果转化政策体系的持续优化和完善。

第一节　京津冀科技成果转化政策体系现状

2024年是京津冀协同发展上升为国家战略十周年，回顾2014—2024年，京津冀三地在科技成果转化政策体系建设工作中，都作出积极探索。本节从政策主体、政策主题、政策工具三个方面分析京津冀科技成果转移转化政策体系现状并借鉴罗斯韦尔和泽格维德提出的政策工具分析框架，将京津冀科技成果转化政策工具划分为供给型政策工具、需求型政策工具和环境型政策工具；其次，对京津冀三地科技成果转化政策特征进行归纳总结，以期更好地解构并分析京津冀科技成果转化政策体系现状。

一、北京市科技成果转化政策统计分析

北京市作为全国科技创新中心，科教资源高度密集，源头创新活跃，具有开展科技成果转化的先天条件和坚实基础。自 2014 年共颁布 117 个旨在促进科技成果转化的政策措施，这些政策不仅涵盖科技成果的评估、转化、产业化等关键环节，还涉及科技人员激励、科技经费管理等多个方面，为科技成果的顺利转化提供了有力的制度保障。

（一）发文主体呈现科技管理部门为主、多部门协同的特点

2014—2024 年，北京市共颁布 117 个政策文件。就发文主体而言，形成了以北京市人民政府、北京市科学技术委员会、中关村科技园区管理委员会为核心主导，北京市财政局、北京市教育委员会、北京市人力资源和社会保障局等多主体参与的多元网状协同格局。其中，参与制定及颁布科技成果转化政策的政策主体总计 39 个（包含已撤销和已变更的部门），发文频次总计 259 次，其中单独发文主体 14 个，单独发文频次总计 66 次，占总发文量的 25.5%；联合发文主体 37 个，联合发文频次总计 193 次，占总发文量的 74.5%。利用 Gephi 软件绘制出的北京市科技成果转化政策主体合作网络如图 2-1 所示，通过将政策主体共现矩阵导入 UCINET 6.0 软件，计算得到北京市科技成果转化政策主体合作网络密度为 0.342。分析上述数据可以看出，北京市科技成果转化政策主体呈现多核心主体样态，已初步构建了合作协同的科技成果转化体系。其中，北京市科学技术委员会、中关村科技园区管理委员会中间中心度最高，在主体合作网络中处于核心位置；北京市人民政府排名位于前列，体现了其在网络中作为指挥棒的主体中心地位；北京市人力资源和社会保障局、北京市市场

监督管理局等其他部门相对均衡，体现了多主体协同的特征。

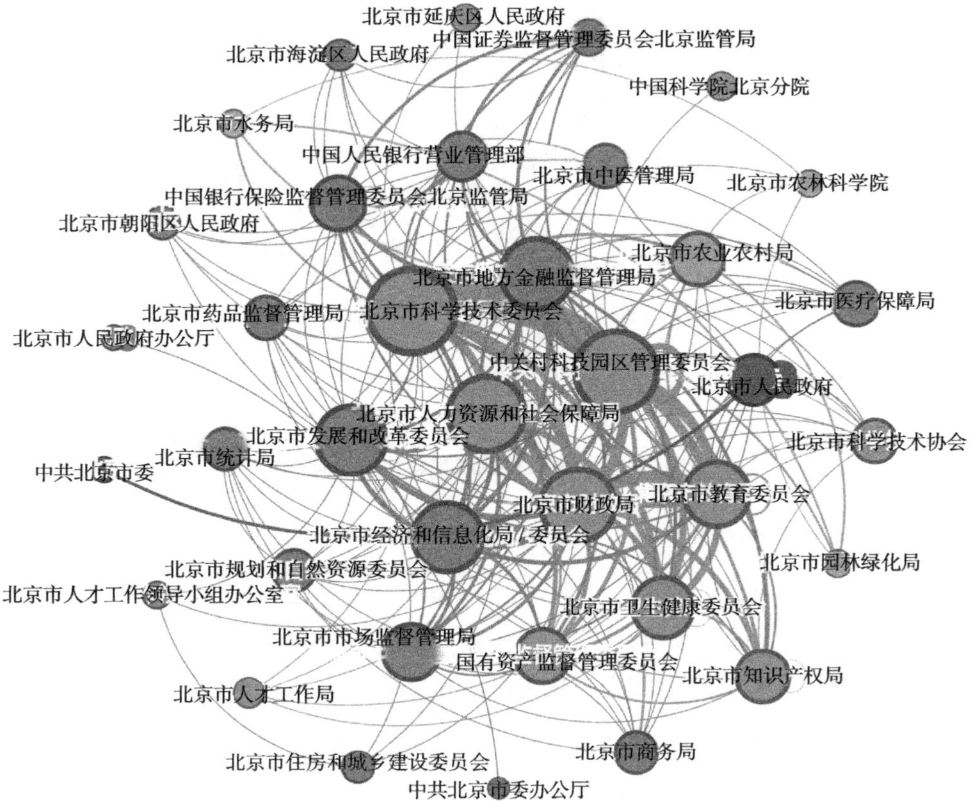

图 2-1　北京市科技成果转化政策主体合作网络

（二）政策主题内容突出政府激励与市场化双轨发展

利用 NVivo 20 软件对上述 117 个政策文件进行量化分析，利用导航栏中的“探索”内的词频查询功能对所收集的全部政策文件进行“完全匹配”搜索，排除与本研究相关性不大的关联词汇，将词的最小长度设为 2，查询字词为 1 000 个，进行词频分析研究（图 2-2）。可以发现，“创新”一词成为众多政策中涉及的主要词汇，该词共出现 4 869 次，加权百分比为 1.48%；“科技”一词共出现 4 514 次，加权百分比为 1.37%；“技术”一词共出现 3 670 次，加权百分比为 1.12%；“服务”一词共出现 3 650 次，加权百分比为 1.11%。

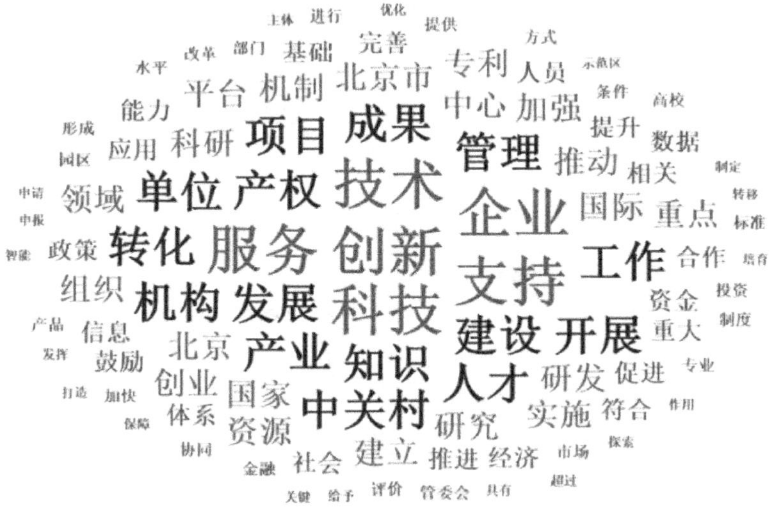

图 2-2 北京市科技成果转化政策词云

从发文主题词视角分析，北京市科技成果政策转化体系呈现出强化激励、完善服务、落实主体的特征。具体表现为以下三个方面。一是科技创新是科技成果转化的主要目标和核心任务。北京市通过政策引导和支持，不断优化创新生态，形成了良好的科技成果转化氛围。例如，中关村科技园区内聚集了大量的创新主体和优质资源，形成了协同创新的良好局面；同时，北京市还积极推动产学研合作和国际科技交流合作，为科技成果转化提供了更广阔的空间和机遇。二是科技成果转化服务政策不断完善。北京市持续推动概念验证平台、标杆孵化器、创新联合体等的建设，持续加强知识产权法治保障，不断提升科技成果转化效率。三是积极践行落实科技成果转化实践主体的市场作用。例如，《北京市专利转化运用专项行动实施方案》明确提出到2025年底，专利产业化率明显提高，一批具有专利优势的硬科技企业加快涌现，重点产业领域知识产权竞争优势加速形成等工作目标。

（三）政策工具类型以环境型与供给型为主

基于政策工具视角，运用NVivo 20软件对政策文本进行了分类编码、量化和分类统计，从而对北京市科技成果转化政策进行分析。总体上看，推进科技成果转移转化使用了环境型、供给型、需求型三种政策工具类型，但这三种政策工具类型的使用频次存在明显的差别。其中，环境型和供给型政策工具占比较高，需求型政策工具的使用明显较少。因此不难发现，北京市在科技成果转化政策体系建设过程中，积极优化科技成果转化环境，同时直接性政策刺激较为显著；而对于弥补市场失灵的需求型政策工具的使用，较为谨慎，在创造市场需求和改善需求条件方面挖掘能力略显不足。

供给型政策工具是指政府为促进某些政策目标的实现，直接提供的必要的资源和条件，包含资金、人才、设施、技术、信息等内容，其使用情况如图 2-3 所示。其中，基础设施类政策文件数量最多，占比为 32.48%；科技中介服务、资金投入、人才培养、科技信息等的占比相差不大，为 10%~20%；而公共服务和宣传推广的占比较低，均为 5% 左右。上述结果表明，供给型政策工具以基础设施和策略措施为主，多维度并施的“合力”拉动方式形成了“合力型”的供给政策格局。从政策文本中也不难发现以上特征，例如《“十四五”时期中关村国家自主创新示范区发展建设规划》《北京市“十四五”时期高精尖产业发展规划》《北京市“十四五”时期国际科技创新中心建设规划》等文件中都多处提到如实验室、研究中心等基础设施建设的内容；《关于加快首都科技服务业发展的实施意见》《北京市科技新星计划管理办法（修订版）》《中关村国家自主创新示范区产业发展资金管理办法》等文件中均不同程度提及中介、人才、资金、信息相关内容，包括投入财政资金、支持技术转移机构、增加相关就业人员、建立科技成果信息系统等；此外，在推广和服务中也有体现，例如《中关村国家自主创新示范区关于推进特色产业园建设提升分园产业服务能力的指导意见》提出组织特色领域论坛、大赛、展览展示、技术交流等活动，开展人才、投融资、市场、供应链等对接服务。

需求型政策工具是指政府为了拉动或创造对特定政策目标或服务的需求而采取的政策措施。其通过创造市场需求或改善需求条件，激励企业或个人采纳和应用科技成果，从而推动科技成果的产业化，其使用情况如图 2-4 所示。其中，人才引进类占比最高，为 37.99%，其次为示范工程类（26.62%）、海外机构类（18.18%）、政府采购类（10.39%）、贸易管制类（3.90%）、服务外包类（2.92%）。科技成果使用者即生产企业的主观意愿、科技成果承接能力和科技成果转化时机等决定了科技成果转化的效果。对于北京市的企业，政府使用需求型政策工具有助于减小市场失灵带来的不利影响，加速科技成果的市场化进程，推动经济增长和社会发展。

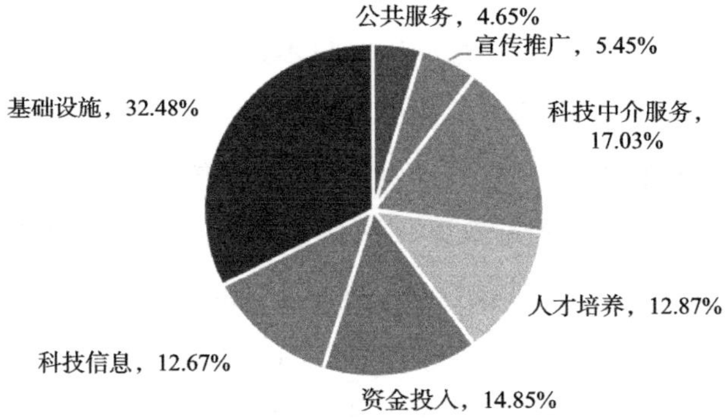

图 2-3　北京市供给型政策工具占比

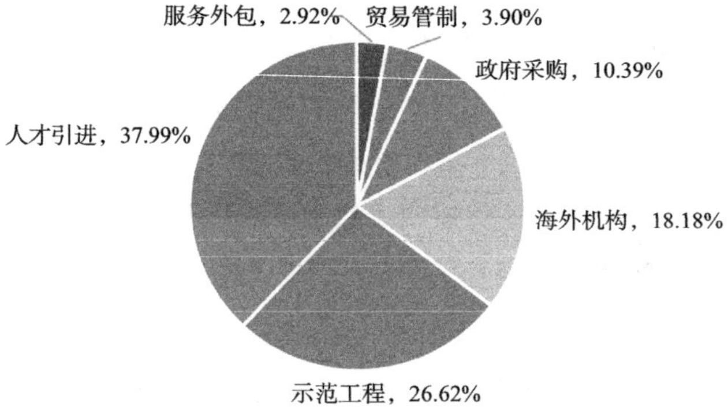

图 2-4　北京市需求型政策工具占比

在人才引进方面，针对“从 0 到 1”顶尖人才不足的问题，北京市从高度和广度两个维度作出努力。例如，出台“中关村国际人才 20 条新政”(《关于深化中关村人才管理改革 构建具有国际竞争力的引才用才机制的若干措施》)等政策，建设了 8 个国际人才社区，为国际人才提供便利的生活和学习环境，从而使一大批国际人才在京聚集，提升了人才高度；针对青年人才培养的急迫问题实施“雏鹰计划”，将更多资源投向青年人才培养，拓宽了人才广度。在示范工程方面，中关村国家自主创新示范区核心区开展了高等院校、科研机构和医疗卫生机构科技成果“先使用后付费”的改革试点。《北京市促进科技成果转移转化行动方案》提出要发挥在全国科技成果转移转化中的示范引领作用。以“一站一台”（首都科技条件平台合作站和北京技术市场服务平台）为核心，建立跨区域科技条件和科技成果信息平台以及成果转移转化绿色通道，促进技术交易、知识产权保护、创业投资协作以及科技咨询服务的跨区域交流合作，实现创新资源共享。在海外机构方面，积极贯彻落实对标国家“两重”建设（国家重大战略实施和重点领域安全能力建设）任务，落实首都城市战略定位，聚焦北京国际科技创新中心建设，牢牢把握新一轮科技革命和产业变革趋势。例如《北京国际科技创新中心建设条例》设置“国际开放合作”专章，提出支持在京创办科技类国际学术期刊，支持国际科技组织设立和发展，支持外籍创新人才按规定在科学技术社会团体中任职，探索海外高层次人才职称直接认定制度，提升科研物资通关便利化水平等;《“一带一路”科技创新北京行动计划（2019—2021 年）》提出北京市要承担起“一带一路”创新合作网络重要枢纽功能，同时北京市借助中关村论坛等平台，积极打造国际科技交流大舞台，打造“1+*N*”国际商事法律服务平台，加快建设国际商事仲裁中心。

环境型政策工具是指政府为了塑造一个有利于特定政策目标实现的环境和条件而采取的政策措施。其通过提供有利的环境和条件，间接影响企业和个人的行为，从而促进政策目标的实现。这些政策工具通过提供策略指导、组织保障、资金支持、税收激励、法律保护等多方面的支持，共同构建了一个有利于改善和优化科技成果转化的外部条件，为科技成果的商业化和产业化提供支持和便利。

北京市环境型政策工具中使用最多的为策略措施类，93 个政策文件中都涉及策略措施，在环境型政策工具中的占比为 29.93%。例如，《北京市促进科技成果转移转化行动方案》《北京市促进科技成果转化条例》《北京市共性技术平台建设工作指引》等文件都大量规定了科技成果转化策略措施方面的相关内容，包括完善科技成果转移转化评价机制、完善技术转移服务标准和规范、推动创新联盟建设等。其次为体制机制类和财务金融类，占比分别为 20.63% 和 19.24%。例如，北京市建立全市促进科技成果转化议事协调机制，由分管科技的市领导担任召集人，14 个相关委办局、16 个区政府及“三城一区”管委会协同推动成果转化，各区均已建立主管领导负责、区属各部门参与的成果转化推进机制。税收优惠类、改革创新类、法规管制类、知识产权类和目标规划类政策工具的占比均为10%以下，其中占比最低的为税收优惠类（1.58%）（图2-5）。

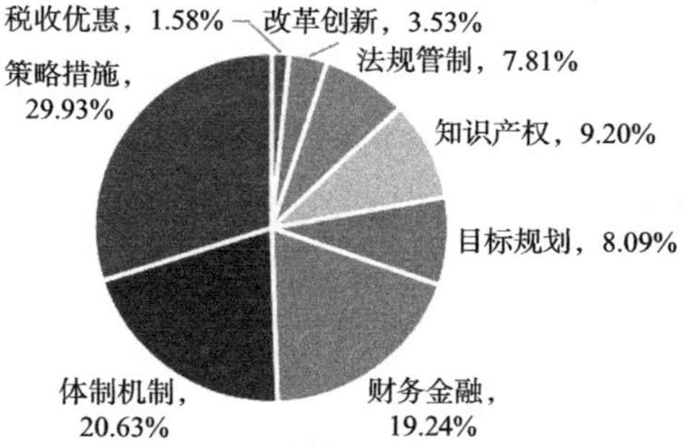

图2-5 北京市环境型政策工具占比①

二、天津市科技成果转化政策统计分析

天津市高度重视科技成果转移转化，在国家科技成果转化“三部曲”的指引下，一直致力于建立健全地区科技成果转化的法律和政策体系。天津市率先在全国范围内制定了《天津市促进科技成果转化条例》(2017年)，自2014年起共颁布103个旨在促进科技成果转化的政策，激发科研人员的积极性并增强知识的价值导向，成功解决了转化过程所面临的百余个“细微障碍”，极大地激发了转化参与主体的活力。这些政策促使科技成果得以走出“象牙塔”，与经济活动紧密相连，与市场实现深度融合。

（一）发文主体以科技管理部门与财政部门为核心

2014—2024年，天津市共颁布103个政策文件。从发文主体视角分析，形成了以天津市科学技术局、天津市财政局、天津市人力资源和社会保障局、天津市教育委员会为主导的组团联动以及以天津市科学技术局、国家税务总局天津市税务局、中共天津市委宣传部、天津市文化和旅游局为主导的组团联动双元格局，聚集结构相对单一。根据统计，天津市参与制定及颁布政策的主体总计24个（包含已撤销和已变更的部门），发文频次总计156次。单独发文主

① 由于四舍五入的原因，总计不等于100%，后续不再特别说明。

体主要有 10 个，发文频次总计 72 次，其中天津市人民政府办公厅和天津市科学技术局主导天津市科技成果转化政策的发布，单独发文总频次占比分别为 54.2% 和 22.2%。联合发文主体主要有 19 个，发文总频次为 84 次，天津市科学技术局和天津市财政局联合发文频次最高，二者合计发文频次占联合发文频次的 59.5%，是重要的联合发文主体。利用 Gephi 软件绘制出的天津市科技成果转化政策主体合作网络如图 2-6 所示，将主体共现矩阵导入 UCINET 6.0 软件计算得到天津市科技成果转化政策主体合作网络密度为 0.696，涉及 19 个节点。由此可以看出，天津市科技成果转化政策主体合作网络的核心主体较少，政策合作网络呈现局部集中型结构。

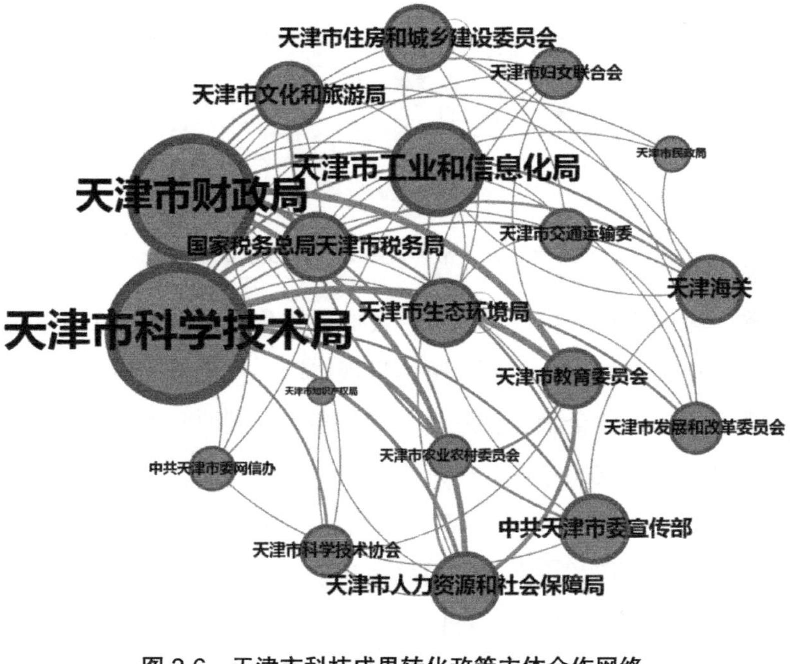

图 2-6　天津市科技成果转化政策主体合作网络

（二）政策主题内容突出激发市场活力导向

将所收集到的 2014—2024 年天津市发布的 103 个有关科技成果转化的政策文件导入 NVivo 20 中，利用导航栏中的“探索”内的词频查询功能对所收集的全部政策文件进行“完全匹配”搜索，排除与本研究相关性不大的关联词汇，将词的最小长度设为2，查询字词为1 000个，进行词频分析研究（图2-7）。可以发现，“科技”一词成为众多政策中涉及的主要词汇，该词共出现2 954次；“发展”一词共出现2 722次；“企业”一词共出现2 632次；“服务”一词共出现2 495次。

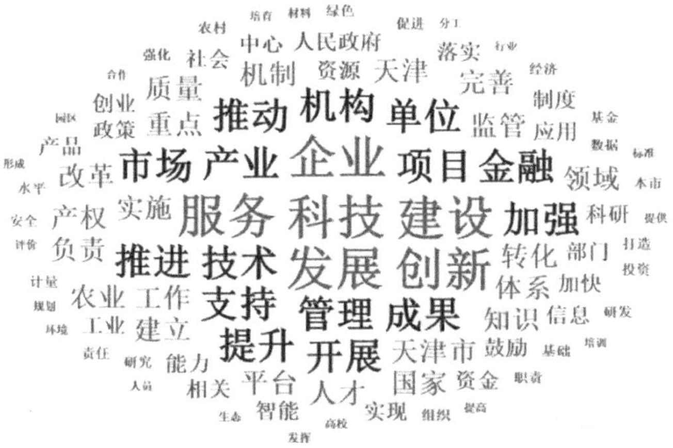

图2-7　天津市科技成果转化政策词云

从发文主题词视角分析，天津市科技成果转化政策词语主要集中在创新主体、转化链及成果评估三个方面。整体呈现出以科技创新发展为导向，以创新主体为主要载体，包含金融、管理、市场等多维关键要素的主题内容特征。首先从创新主体上看，支持企业、科研机构、产业界、社会组织等开展产学研合作，旨在激励科研人员的创新研究，推动科技成果产业化。从转化链条来看，“服务”“发展”“金融”“技术”等词都是其重要体现。例如，支持各类银行运用贷款贴息、无偿补助、偿还性补助、创业投资等资金投入方式，落实研发费用加计扣除等政策；建立健全培育和发展科技中介机构的政策法规体系；提高科技中介服务能力建设等。在成果评估方面，将科技成果转化效益作为科技人员职称评聘的重要内容，同时实施以增加知识价值为导向的收入分配政策。此外，相关政策内容关注了市场、人才、资金等成果转化链条的关键要素。

（三）政策工具运用较为均衡

基于政策工具视角，运用 NVivo 20 软件对政策文本进行了分类编码、量化和分类统计，以对天津市科技成果转化政策进行分析。总体上看，在推进科技成果转移转化过程中使用了三种政策工具，整体政策工具使用频率较为均衡。

供给型政策工具统计结果如图 2-8 所示，可以发现，天津市政府对公共服务类政策非常重视，其占比为 27.16%；其次为科技信息类政策工具，占比为 21.13%；资金投入、科技中介服务、人才培养类政策工具占比都超过 10%；基础设施和宣传推广类政策工具分别占 8.45% 和 6.84%。天津市供给型政策工具整体呈现出科技信息、人才培养、科技中介服务、宣传推广构成的软环境与公共服务、基础设施、资金投入构成的硬投入双管齐下的特征。

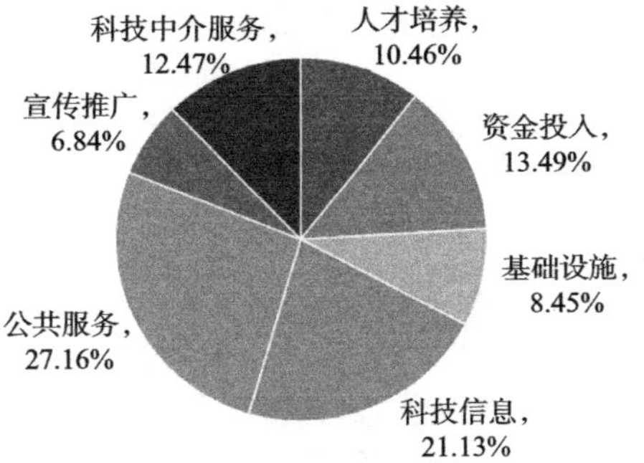

图 2-8　天津市供给型政策工具占比

在公共服务方面，2014 年天津市科委出台了《关于开展科技企业孵化器“强能力”活动的通知》，要求引入社会力量为孵化器及其在孵企业提供公共服务，推进孵化服务的社会化。而对于自身没有优势的服务项目，要充分借助社会机构的力量，引入其专业化的服务，这就为企业科技成果转化提供了入口，也在一定程度上为天津市科技成果转化奠定了基础。在科技信息方面，2018 年 9 月天津市科委印发了《天津市促进科技成果转化交易项目管理办法》，指出技术转移机构是为实现和加速技术转移和成果转化提供各类线上线下交易服务的机构。

相较于供给型政策工具，天津市需求型政策工具的数量分布更为均匀，基本均为 15%~20%，呈现出“五力并举”的特征。其中，占比最高的是示范工程类政策工具，其占比达 20.66%；其次是政府采购类政策工具，占比为 18.73%；人才引进类政策工具的占比为 17.08%；贸易管制、服务外包和海外机构类政策工具分别占 15.98%、14.05%、13.50%（图 2-9）。在示范工程方面，天津市人民政府于 2023 年发布《天开高教科创园建设规划方案》，要求结合本市区域资源禀赋和发展需求，建设天开高教科创园这一特色园区，该园区以南开区环南开大学、天津大学、天津医科大学片区为核心区，以西青区大学城片区为西翼拓展区，以津南区海河教育园区片区为东翼拓展区。2024 年，天津市人民政府印发《关于进一步支持天开高教科创园高质量发展的若干政策措施》的通知，天开高教科创园政策 2.0 版“上新”，支持天开高教科创园高标准建设，支持园区企业高质量发展，牢牢把握天开园“科技创新策源地、科研成果孵化器、科创服务生态圈”的功能定位。

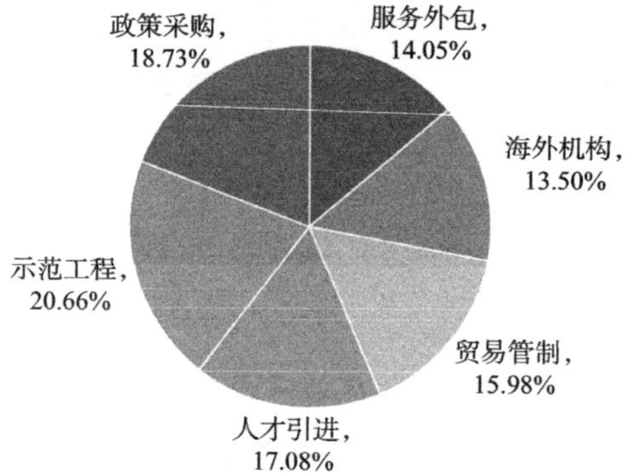

图 2-9 天津市需求型政策工具占比

天津市环境型政策工具中，策略措施类居于首位，占比为 25.63%；财务金融类政策工具的占比为 21.61%，包括股份激励制度、融资战略、商业分析、利息税收优惠等金融工具的使用；改革创新类政策工具的占比为 17.59%；法规管制类政策工具的占比为 10.95%；目标规划、体制机制和知识产权类政策工具的占比基本相当，均为 7% 左右；税收优惠类政策工具的占比最低，为 3.22%（图 2-10）。通过上述数据不难发现，科技成果商业化链条的不同阶段均有不同程度的环境型政策引导。例如，在改革创新方面积极探索鼓励技术创新政策、优化创新环境；在财务金融方面，不仅直接提供了税收金融支持，鼓励科技成果的商业化，同时还出台保障类金融政策降低科技研发风险；在目标规划方面，积极探索需求市场，通过政策引导开创技术创新应用场景。以上政策有效疏通了科技成果转化堵点，为营造良好环境提供坚实支撑。

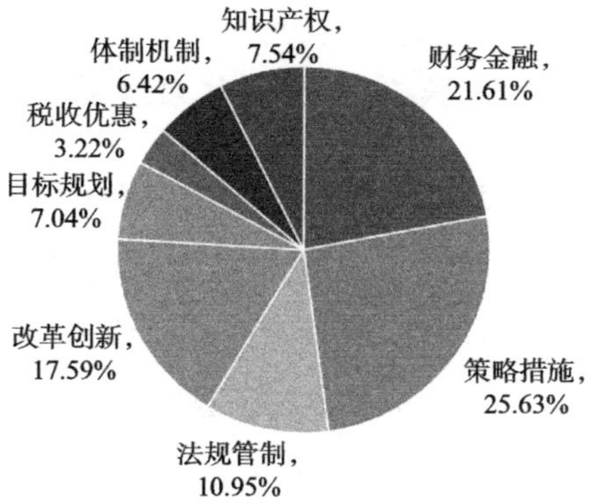

图 2-10　天津市环境型政策工具占比

天津市科技成果转化环境型政策体系在策略措施和财务金融方面的成果较为突出。在策略措施方面，2018 年天津市人民政府办公厅连续发布《天津市新材料产业发展三年行动计划（2018—2020 年）》《天津市新能源产业发展三年行动计划（2018—2020 年）》《天津市新一代人工智能产业发展三年行动计划（2018—2020 年）》，为产业现代化发展指明了方向并提供了具体措施；次年，《关于促进市内六区高端服务业集聚发展的指导意见》提出要打造“一网、三链、四集群”的现代服务业产业体系举措等。在财务金融方面，2017 年天津市人大常委会颁布了《天津市促进科技成果转化条例》，支持科技类企业利用多层次资本市场直接融资，促进科技企业改制上市、挂牌交易，同时鼓励符合条件的上市科技企业通过增发股份、定向收购等方式扩大资本规模，支持科技企业利用债务融资工具进行科技成果转化的项目融资。

三、河北省科技成果转化政策统计分析

河北省环绕京津，作为京津冀协同发展战略的重要省份，肩负着缓解非首都核心功能压力及承接京津产业转移的重要使命。为更好落实京津冀协同发展

这一国家重大战略，河北省以省委、省政府名义印发多份重要文件，制定并实施一系列支持举措，推进京津冀协同走深走实。自 2014 年以来，河北省人大常委会、省委、省政府以及科学技术厅等多个省级机构相继颁布了 101 个与科技成果转移转化紧密相关的政策文件。这些政策的出台优化了河北省科技成果转化的政策环境，为科技成果转移转化活动提供了强有力的政策驱动。

（一）发文主体以省人民政府为主体现更高资源调配力度

2014—2024 年河北省发布的 101 个科技成果转化政策中，参与制定及颁布的政策主体总计 20 个（包含已撤销和已变更的部门），发文频次总计 137 次。其中，单独发文主体 9 个，单独发文频次总计 79 次；联合发文主体 16 个，联合发文频次总计 58 次。河北省人民政府和河北省人民政府办公厅在单独发文和总发文频次中均占有绝对优势，二者共占总发文频次和单独发文总频次的 35.0% 和 50.6%，以省委、省政府名义发文充分体现了河北省对科技成果转化工作的重视程度与引导力度；河北省科学技术厅在环境型、供给型、需求型这三类政策工具发文频次的统计中均居于首位，参与发文量占政策总数的 44.6%，是河北省科技成果转化政策最主要的发文主体；河北省科学技术厅和河北省财政厅是最重要的联合发文主体，发文频次占联合发文频次的 39.7%。除了以上主体，河北省国家税务局、河北省发展和改革委员会等也是重要的政策联合制定主体。

应用 Gephi 软件绘制出的河北省科技成果转化政策主体合作网络如图 2-11 所示，可以发现河北省科技成果转化政策主体合作网络共涉及 16 个节点，构成主网络的节点有 12 个。将政策主体共现矩阵导入 UCINET 6.0 软件计算可得，河北省科技成果转化政策主体合作网络密度为 0.367。进一步分析可以看出，河北省政策主体合作网络相对松散，但河北省科学技术厅、河北省财政厅、国家和地方税务局联合发文频次相对均衡，并且节点最大，政策主体合作网络呈现多主体松散结构。

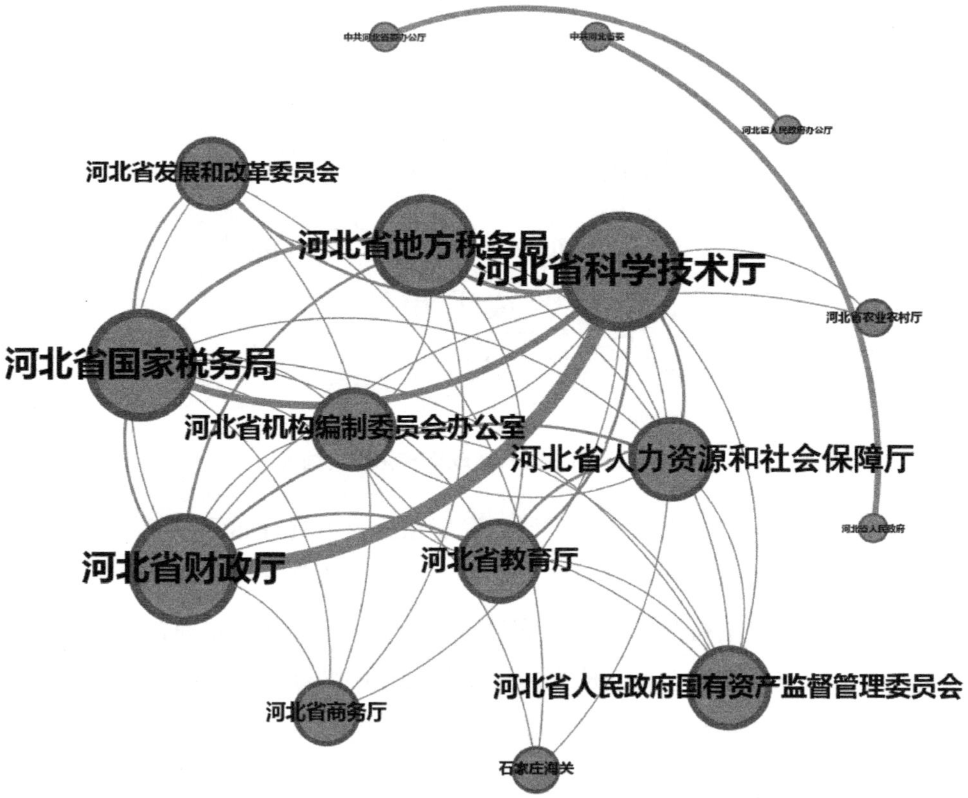

图 2-11　河北省科技成果转化政策主体合作网络

（二）政策主题内容呈现出政府激励为主的政策导向

将所收集到的河北省 2014—2024 年发布的 101 个有关科技成果转化的政策文件导入 NVivo 20 中，利用导航栏中的“探索”内的词频查询功能对所收集的全部政策文件进行“完全匹配”搜索，排除与本研究相关性不大的关联词汇，将词的最小长度设为 2，查询字词为 1 000 个，进行词频分析研究（图 2-12）。可以发现，“科技”一词成为众多政策中涉及的主要词汇，该词共出现 2 502 次；“创新”一词共出现 1 720 次；“技术”一词共出现 1 587 次，“项目”一词共出现 1 562 次。

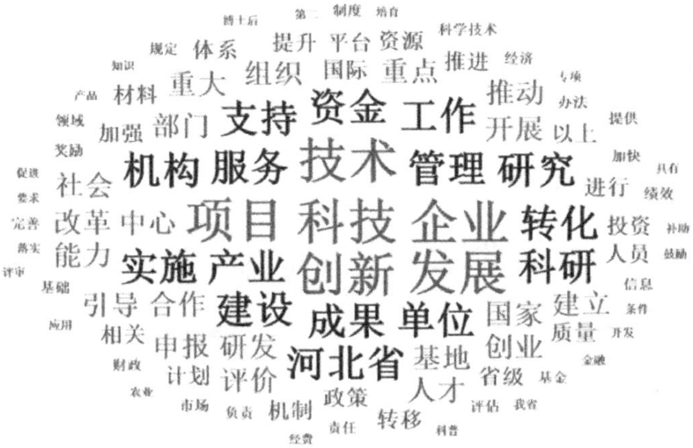

图 2-12 河北省科技成果转化政策词云

分析河北省科技成果转化政策词云发现相关政策具有如下特点。第一，政策主体对科技成果创新创业的支持力度高。政策主体既重视对科技成果研究开发者和转移转化者进行激励，也注重对整个产业化过程和建立创新创业环境的政策支持。第二，企业在科技成果转移转化过程中的地位不断提高。政策主体在制定关于科技成果转移转化的政策时，对企业特别是科技型中小企业给予了较高关注。第三，河北省大部分政策文本侧重于通过对科技成果转化参与主体进行激励等各类奖励方式来提高各主体对科技成果转化的积极性，同时也比较重视通过平台建设搭建供需双方间的桥梁，以此促进科技成果转化，而权益归属、金融支持和税收优惠等政策内容较少，关于知识产权和财税方面的政策内容有待完善。

（三）政策工具更加突出科技成果转化生态构建

基于政策工具视角，运用 NVivo 20 软件对政策文本进行了分类编码、量化和分类统计，以对河北省科技成果转化政策进行分析。政策主体十分重视对科技创新制度的制定和科技成果转移转化平台的搭建，逐步形成了完善科学的政策法规体系，同时通过资金奖励政策持续激励各类创新主体参与科技成果转化。

河北省供给型政策工具统计结果如图 2-13 所示，基础设施类政策工具的使用最为突出，占比达 37%，体现了区域对科技成果转化实体平台与基础条件的重视。河北省人民政府发布的《关于发展众创空间推进大众创新创业的实施意见》《关于促进高新技术产业开发区高质量发展的实施意见》及河北省人民政府办公厅印发的《河北省质量强省建设行动方案（2023—2027 年）》都体现了科技成果转化基础设施的完善。河北省通过建设科技园区、构建创新联盟、发展技术交易平台和孵化转化平台等，为科技成果的转化和产业化提供了有力的支撑和保障。其次是资金投入类政策工具，占比为 15%，这表明河北省对科技创新活动资金支持的重视。2021 年河北省科学技术厅印发《河北省重大科技成果转化行动实施方案》，提出支持企业引进重大科技成果，对符合条件的技术转让给予奖励补助；实施重大科技成果转化专项，省级财政科技资金每年支持 2 亿元以上。科技信息与公共服务类政策工具占比分别为 14% 和 12%，显示出政策对这些方面有一定的关注；科技中介服务和人才培养类政策工具的占比分别为 9% 和 8%，随着国家层面对技术经理人队伍建设、全国一体化技术要素市场构建的重视度不断加强，这两类政策工具的运用力度将持续加强。

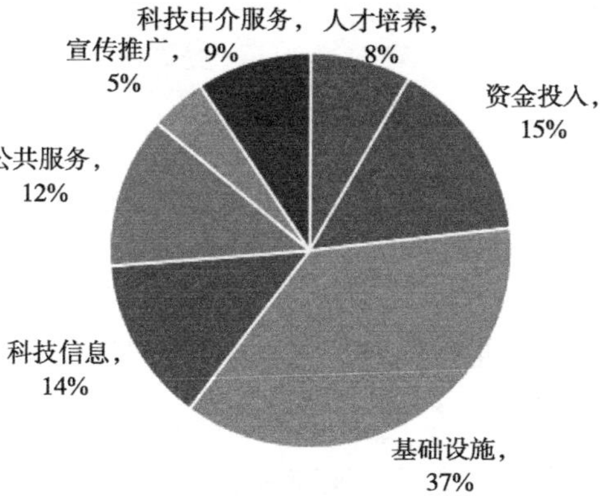

图 2-13　河北省供给型政策工具占比

河北省通过建设科技成果转移转化示范区，实施人才引进专项计划，发布一系列激励措施等，推动科技成果转移转化。如图 2-14 所示，在需求型政策工具中，示范工程和人才引进类政策工具使用次数最多，占比分别为 53% 和 21%。2016 年，河北 · 京南国家科技成果转移转化示范区获科技部批复，为全国首批两个国家级科技成果转移转化示范区之一。2017 年 8 月，河北省人民政府办公厅印发《河北·京南国家科技成果转移转化示范区建设实施方案（2017—2020 年）》，提出到 2030 年，示范区将成为“创新型河北建设的重要引擎、京津冀协同创新的重要载体、具有国际影响力的创新型产业集群集聚区和全国科技成果转化的示范样板”。2021 年，中共河北省委办公厅、河北省人民政府办公厅印发《关于大力推进科技创新工作的若干措施》，提出实施“燕赵雄才计划”，大力培育引进战略科技人才；设立“海外工程师”人才引进专项，加大国际人才引进力度。其次是海外机构和政府采购类政策工具，占比分别为 13% 和 9%；最后是服务外包和贸易管制类政策工具，占比分别为 3% 和 1%。

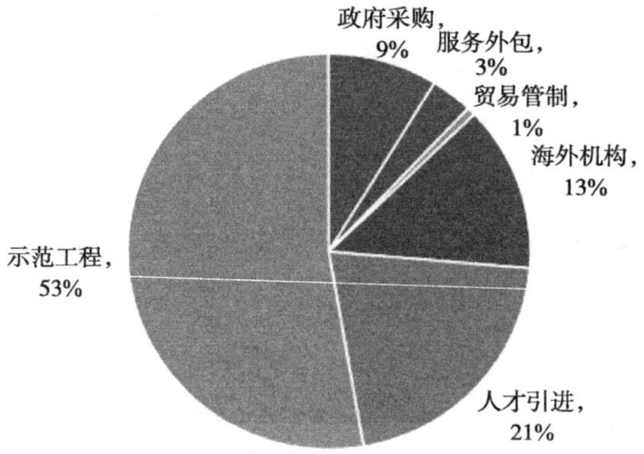

图 2-14 河北省需求型政策工具占比

河北省环境型政策工具的使用情况如图 2-15 所示，策略措施类政策工具占比最高，达到 39%。河北省发布的《关于进一步吸引京津科技成果在冀转移转化的若干措施》中，提出了 12 项具体措施，包括鼓励高层次人才到河北创新创业，提供一站式科技人才服务保障等，以吸引科技成果在河北的转化和应用。河北省还积极推动产学研深度融合，通过举办科技成果对接活动，共建科研机构、实验室、产业联盟及产业园区等一系列策略措施，加强高校、科研院所与企业之间的合作与交流，形成了良好的创新生态。其次，体制机制和财务金融类政策工具占比均为 20% 左右，显示了河北省在推进新型研发机构和创新组织建设、完善产学研协同创新机制方面的努力。河北省积极完善科技金融深度融合机制，拓宽技术创新的间接融资渠道，强化信贷、保险、担保和融资租赁等对科技创新的支持。知识产权类政策工具的占比为7%，改革创新、税收优惠、目标规划类政策工具各占4%，法规管制类政策工具占3%。

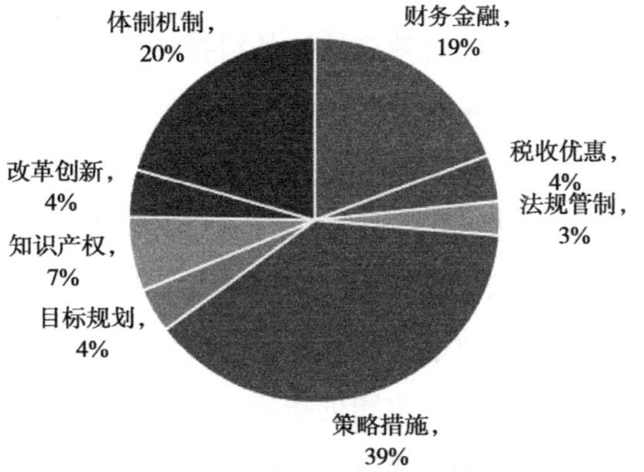

图 2-15　河北省环境型政策工具占比

综上所述，河北省在科技成果转化的环境型政策工具的运用方面，侧重于通过增加激励措施来创造良好的科技成果转化环境，持续完善体制机制和提供多元的融资渠道。政府主要通过鼓励、激励等方式提高各主体进行科技成果转化的积极性，同时辅以体制机制来规范各主体的行为，以创造良好的科技成果转化环境。

四、京津冀科技成果转化政策协同应用关键

从京津冀科技成果转化政策来看，政府功能与市场机制的相互作用构成了推动京津冀协同创新走深走实的双重动力。观察京津冀科技成果转化政策的各个层级和领域发现，环境型政策整体占比较高，环境型政策占比越高代表越能够采用市场化方式推进区域的科技成果转化，科技创新协同的融合度和强度也越高。在科技成果的转移转化中，政府主要起沟通联系、提供信息服务、搭建转化平台及出台促进政策等作用，真正的转化行为则依赖于市场化的谈判和交易。例如，中关村科技园在北京、天津和保定均建设了产业园区，同时采用了政府对接、市场化运营的模式，取得了良好效果。北京市印发《北京市贯彻落实加快建设全国统一大市场意见的实施方案》，天津市印发《天津市对标国务

院营商环境创新试点工作持续优化营商环境若干措施》，河北省印发《关于深化要素市场化配置改革的实施意见》等，都体现了对市场活力的培育。

完善共建共享的利益机制是京津冀科技成果转化政策协同应用的关键一环，也是积极探索协同创新的有效方法。从科技成果转化政策来看，无论是存在协同利益的多个层级，还是利益关系调节难度较大的协同创新领域，建立科学可行的京津冀协同创新模式都是园区、载体、平台等良性运营和成功的关键，因此政策多在平台建设、产业协同、金融政策等方面开展创新模式的探索。京津冀协同创新不断深化的过程，实质上是一个逐步打破行政壁垒，释放人才、资本、信息、技术、数字等创新要素活力的过程。京津冀科技成果转化政策通过引导区域创新发展突破协同创新障碍的组织框架和制度安排，满足各创新主体的利益诉求，实现深度融合。因此，探索多类型、多层次、多主体的京津冀协同创新政策，构建共建共享利益机制是推动京津冀科技成果转化与协同创新深化的关键所在。

第二节　京津冀科技成果转化政策演进特征

京津冀科技成果转化政策数量及年度发布情况，如图 2-16 所示。随着时间推移，京津冀科技成果转化政策发布总体上呈震荡上升趋势，政策供给具有阶段性，政策年度发布存在一定的不均衡性。2018 年京津冀三地科技部门签署《关于共同推进京津冀协同创新共同体建设合作协议（2018—2020 年）》和 2023 年京津冀三地人大常委会协同立法出台《关于推进京津冀协同创新共同体建设的决定》，是京津冀科技成果转化政策的关键节点。因此，本节将 2018 年和 2023 年作为两个重要的时间节点，将京津冀科技成果转化政策划分为三个阶段，即政策探索阶段（2014—2017 年）、政策发展阶段（2018—2022 年）和政策完善阶段（2023—2024 年），在此基础上进一步分析不同阶段的政策特征及总体上的政策变迁规律。每个阶段都有侧重点不同的政策、法规，为科技成果市场化、商业化、产业化转型营造了良好的法律、政策、社会环境，为高校、科研机构科技研发与创新以及企业进行科技成果生产与销售提供了有力保障。

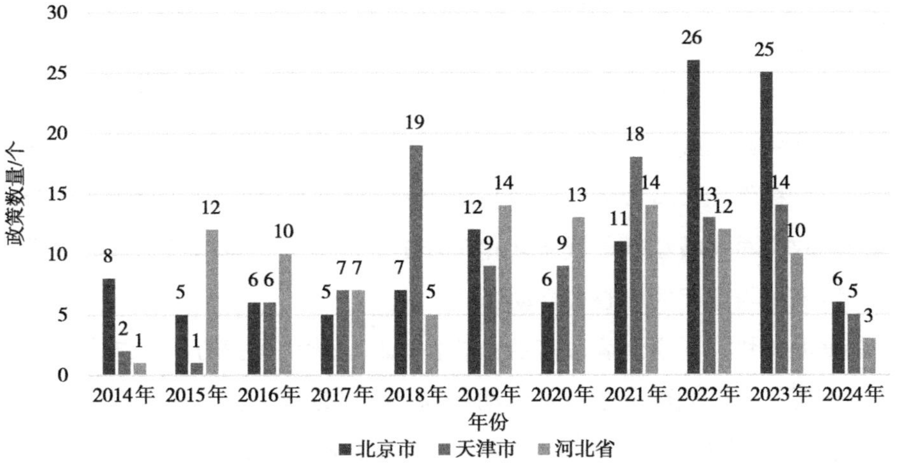

图 2-16　京津冀科技成果转化政策发布数量统计

通过梳理京津冀科技成果转化政策可以发现，政策发展呈现明显的阶段性特征，政策力度和政策效力显著提升，政策制定呈现“宏观政策—专项政策—协同政策”的演进规律。

一、政策演进三阶段特征分析

2014—2024 年，京津冀在科技成果转化方面的政策呈现出三大特征。从参与主体角度来看，由政府主导转变为支持多元主体协同参与；从体制特征层面观察，由政府主导体制向市场化导向演进；从主次关系的演变来看，由单纯支持创新转向支持从“源头创新—科技成果转化产业化”的全链条创新发展。

（一）由单一主体转变为支持多元主体协同参与

1. 政策探索阶段（2014—2017 年）

2014 年，国务院办公厅发布了《关于转发知识产权局等单位深入实施国家知识产权战略行动计划（2014—2020 年）的通知》。该通知不仅强调加强知识产权运用和保护的重要性，还预示政府在推动科技创新与成果转化方面开始注重多元主体的协同参与。这一政策导向为后续的科技体制改革和成果转化工作奠定了坚实的基础。紧接着，2015年和2016年，科技成果转化“三部曲”——《中华人民共和国促进科技成果转化法(修订)》《实施〈中华人民共和国促进科技成果转化法〉若干规定》《促进科技成果转移转化行动方案》相继出台。这一系列政策举措极大地调动了科技成果转化人员的积极性，充分发挥了政策杠杆作用，有效促进了科技成果的产业化进程。这些政策的出台，不仅体现了政府对科技创新与成果转化工作的高度重视，也彰显了政府在推动多元主体协同参与方面的决心和行动。

依据大趋势，在京津冀政府层面，各地积极响应国家方针，结合自身实际情况，出台了一系列配套政策和行动计划。以北京市为例，其出台了《北京技术创新行动计划(2014—2017年)》，明确提出要深化科技体制改革，充分发挥市场配置资源的决定性作用，同时更好地发挥政府作用。该行动计划还强调加快以企业为主体的技术创新体系建设，鼓励企业、高校、科研机构等多元主体之间的协同创新与合作。综上所述，在政策探索阶段，科技创新与成果转化领域的参与主体开始逐渐多元化，从政府主导开始向支持多元主体协同参与的新模式转变。这一转变不仅促进了科技成果的产业化进程，也为后续的科技创新与成果转化工作提供了有益的借鉴和启示。

2. 政策发展阶段(2018—2022年)

2018年，京津冀三地政府共同发布了《关于共同推进京津冀协同创新共同体建设合作协议(2018—2020年)》，明确提出要加强科技创新合作，推动科技成果转化和产业化。2022年，河北省出台《关于进一步吸引京津科技成果在冀转移转化的若干措施》，提出要加强与京津地区的科技创新合作，吸引更多京津科技成果在河北转化。

京津冀地区不仅强化了政府在科技成果转化中的引导和支持作用，并且愈发鼓励高校、科研院所、企业、中介机构等多主体的积极参与，以共同构建一个产学研一体化的科技成果转化共同体。这一共同体旨在通过各参与主体之间的优势互补和相互耦合，加速科技成果从实验室走向市场的进程，推动区域经济的创新发展。与此同时，京津冀地区的各级地方政府也在积极行动。例如，

2019年北京市人民政府发布《关于新时代深化科技体制改革加快推进全国科技创新中心建设的若干政策措施》，旨在通过深化科技体制改革，进一步激发科技创新的活力。2019年，天津市人民政府印发了《天津市创新型企业领军计划》，旨在培育一批具有核心竞争力的创新型企业。2019年，河北省印发了《河北省创新能力提升计划科技研发平台建设专项实施细则（暂行）》，旨在加强科技研发平台的建设和管理，提升区域创新能力。综上所述，京津冀地区在科技成果转化政策方面正积极探索并实践多元主体协同参与的新模式。这一模式的实施不仅有助于加速科技成果的转化和应用，还为推动区域经济的创新发展提供了有力的支撑。

3. 政策完善阶段（2023—2024年）

在政策完善的关键阶段，政府着重围绕创新资源，深刻强调“四链”（创新链、产业链、资金链、人才链）深度融合，旨在构建一个高效、协同的科技成果转化创新生态系统，并推动形成创新主体之间相互依存、共同发展的新生态格局。在此期间，京津冀三地政府联合印发《促进科技成果转化 协同推动京津冀高精尖重点产业发展工作方案（2023年）》，三地政府以强化京津冀三地成果转化服务体系协同联动为切入点，聚焦重点技术领域、重要产业方向，鼓励三地创新主体共建成果转化服务平台，支持技术转移机构及专业人才跨区域开展成果转化服务，健全京津冀科技成果信息联合发布和交易协同机制，推动区域产业创新要素开放共享，推动企业加强科技成果示范应用，推动三地创新链、产业链、供应链有效融合，在创新链与产业链的协同上，京津冀三地展现出前所未有的紧密合作与互补。通过共建高水平的研发平台，三地不仅实现了科技资源的共享，还促进了创新成果的快速转化。联合开展的科研项目更是如同一座座桥梁，连接起实验室与市场，使得科技创新能够更快地服务于产业发展。这种深度的产业合作，不仅提升了区域整体的科技创新能力，还有效推动了产业结构的优化升级，实现了经济效益与社会效益的双赢。资金链的完善，则是科技成果转化不可或缺的一环。为了拓宽创新型中小企业的融资渠道，政府设立了北京证券交易所等重要金融机构，为这些企业提供了更为便捷、高效的直接融资途径。这不仅解决了科技成果转化过程中的资金瓶颈问题，还为企业的快速成长提供了强大的动力。随着资金链的不断完善，京津冀地区的科技创新活力得到了进一步激发，科技成果转化的效率和成功率也得到了显著提升。人才作为创新的第一资源，其培养和引进同样受到了政府的高度重视。通过实施一系列人才政策，政府不仅吸引了大量国内外优秀人才来京津冀地区创新创业，还通过设立人才培养基地，开展产学研合作等方式，为区域发展提供了源源不断的人才支持。这些人才的汇聚，不仅增强了京津冀地区的创新实力，还为构建产业创新主体相互依存发展的新生态提供了有力的人才保障。

（二）由政府主导体制向市场化导向演进

1. 政策探索阶段（2014—2017 年）

在政策探索阶段，京津冀科技成果转化政策主要处于初步尝试和摸索阶段。政府开始意识到科技成果转化的重要性，并着手推动相关政策的制定和实施。在此阶段，科研院所和高等院校在科技成果转化中扮演了重要角色，但科技成果转化主要还是在政府的引导下进行的。例如，政府鼓励科研院所和高等院校与企业合作，共同开展科研项目，推动科技成果的产业化。企业作为科技成果转化的重要主体，开始参与政策制定和实施。政府通过提供税收优惠、资金扶持等措施，鼓励企业加大科技研发投入，提高科技成果转化能力。科技中介机构开始崭露头角，但数量较少，功能相对单一。政府开始重视科技中介机构的作用，鼓励其发挥桥梁和纽带作用，促进科技成果的流动和转化。例如，2014 年，北京市出台《加快推进科研机构科技成果转化和产业化的若干意见（试行）》，提出要加强科研院所和高等院校与企业的合作，推动科技成果的产业化。

2. 政策发展阶段（2018—2022 年）

在政策发展阶段，京津冀科技成果转化政策逐渐成熟和完善。政府更加注重市场化导向，鼓励多元主体共同参与科技成果转化。

科研院所和高等院校在科技成果转化中的作用进一步凸显。政府通过设立科研专项基金和建设科研平台等措施，支持科研院所和高等院校开展前沿科学研究和技术创新。同时，鼓励科研院所和高等院校与企业建立产学研合作关系，共同推动科技成果的转化和应用。企业在科技成果转化中的主体地位得到进一步巩固。政府通过提供资金扶持、税收优惠、人才引进等措施，鼓励企业加大科技研发投入，提高科技成果转化能力。此外，政府还鼓励企业建立研发机构，加强与科研院所和高等院校的合作。科技中介机构在科技成果转化中的作用逐渐得到重视。政府通过设立科技中介服务机构和建设科技成果转化平台等措施，支持科技中介机构的发展。同时，鼓励科技中介机构加强与科研院所、高等院校和企业的合作，推动科技成果的流动和转化。2018 年，京津冀三地政府共同发布了《关于共同推进京津冀协同创新共同体建设合作协议（2018—2020 年）》，明确提出要加强科技创新合作，推动科技成果转化和产业化。2022 年，河北省出台《关于进一步吸引京津科技成果在冀转移转化的若干措施》，提出要加强与京津地区的科技创新合作，吸引更多京津科技成果在河北转化。

3. 政策完善阶段（2023—2024 年）

在政策完善阶段，京津冀科技成果转化政策更加注重市场化导向和多元化主体的协同作用。政府通过深化改革和优化环境等措施，推动科技成果转化政策的进一步完善和落地。科研院所和高等院校在科技成果转化中的引领作用得到进一步发挥。政府通过加强科研项目管理和优化科研资源配置等措施，提高科研院所和高等院校的科技成果转化能力。同时，鼓励科研院所和高等院校与企业建立长期稳定的合作关系，共同推动科技成果的转化和应用。企业在科技成果转化中的主体地位更加突出。政府通过提供全方位的政策支持和服务保障，鼓励企业加大科技研发投入，提高科技成果转化能力。此外，政府还鼓励企业加强与国际先进企业的合作与交流，引进和消化吸收国际先进技术成果。科技中介机构在科技成果转化中的作用得到进一步发挥。政府通过加强科技中介机构建设和优化科技服务环境等措施，支持科技中介机构的发展壮大。同时，鼓励科技中介机构加强与科研院所、高等院校和企业的合作与交流，推动科技成果的流动和转化。此外，政府还注重培育和发展专业化的科技中介机构，提高科技成果转化的专业化和市场化水平。2023年，北京市印发《关于加快推动北京高校基础研究高质量发展的意见》，明确提出要构建推进北京高校有组织科研的体制机制。其中，特别强调要发挥好制度、政策的价值驱动和战略牵引作用，健全基础研究多元化投入机制，推动高校“引进来”和“走出去”能力建设。2023年，天津市科技局、财政局印发《天津市贯彻落实科技部财政部〈企业技术创新能力提升行动方案（2022—2023年）〉的工作举措》，提出了一系列支持和服务企业创新能力提升的鼓励性政策，包括建立以需求为导向的科技项目形成机制，加快推进科技资源和应用场景向企业开放等。2023年，河北省人民政府办公厅印发《河北省质量强省建设行动方案（2023—2027年）》，提出一系列具体措施来发展河北省特色产业建设，包括推动工业企业研发机构提档升级、加快建设国家科技成果转移转化示范区和国家级科技创新平台等。

（三）由单纯支持创新转向全链条配置资源推动科技成果转化

1. 政策探索阶段（2014—2017年）

科技是推动社会进步的第一生产力，在初期发展阶段，政策导向主要是支持高校、科研院所及企业开展新产品与新技术的研发，旨在为经济社会发展注入新动力。在此阶段，京津冀地区开始探索科技成果转化的相关政策，也主要侧重于构建科技成果转化的基础框架和初步机制。2014年，京津冀协同发展上升为国家重大战略，标志着京津冀地区开始进入协同发展的新阶段。在这一背景下，科技成果转化作为协同创新的重要组成部分，开始受到重视。在此阶段，京津冀地区主要出台了鼓励科技创新和成果转化的相关政策，如加强科研机构与企业的合作、推动产学研一体化等。同时，开始探索建立科技成果转化的服务平台和中介机构，以促进科技成果的转移和转化。从整体上可以看出京津冀地区在科技成果转化方面的初步尝试和探索。例如，京津冀地区开始加强科技合作与交流，推动三地科研机构和企业之间的协同创新。

2. 政策发展阶段（2018—2022 年）

随着科技创新体系的持续深化与完善，以及生产力的显著提升，我国科技成果的数量迎来了前所未有的爆发式增长。然而，在这一繁荣景象背后，一个不容忽视的问题是，大量科技成果因信息不对称的障碍，难以精准对接市场需求，进而陷入了“沉睡”状态，未能充分发挥其应有的价值。面对这一挑战，政府深刻认识到，将科技成果有效转化为现实生产力，已成为推动科技发展的首要任务，也是制定科技政策的核心目标。为此，政府在继续坚定不移地鼓励科技创新的同时，将科技成果转化置于同等重要的位置，加大了对这一领域的支持力度。

在北京，政府不仅持续加大对科研机构的财政投入，鼓励原始创新，还积极构建科技成果转化的服务体系。通过建立科技成果评估、交易和转化平台，北京有效畅通了技术要素的流通渠道，为科技成果与市场需求之间的精准对接提供了有力保障。同时，北京还出台了一系列激励政策，如税收减免、资金补助等，以降低科技成果转化过程中的风险和成本，提升科技成果的转化效率和成功率。天津则注重打造科技成果转化的“快车道”。政府通过优化科技创新环境，推动产学研深度融合，鼓励企业与高校、科研机构开展合作，共同推进科技成果的转化应用。此外，天津还建立了科技成果转化的风险投资机制，吸引社会资本参与科技成果的转化过程，为科技成果转化提供了更加多元化的资金支持。河北省则结合本地产业发展需求，制定了有针对性的科技成果转化政策。政府通过加强科技成果的筛选和评估工作，筛选出符合本地产业发展方向的科技成果进行重点扶持。同时，河北省还积极推动科技成果的产业化进程，通过建设科技园区、孵化器等设施，为科技成果的转化应用提供了良好的空间和平台。此外，河北省还加强对科技成果转化人才的引进和培养工作，为科技成果转化提供了强有力的人才支撑。综上所述，在政策发展阶段，京津冀政府通过加大对科技成果转化的支持力度，出台相关政策法规，以及推动产学研用深度融合等措施，有效推动了科技成果向现实生产力转化，为科技创新提供了持续的动力源泉。

3. 政策完善阶段（2023—2024 年）

在这一阶段，政府高度重视科技成果产业化平台的建设，如中试基地、产业孵化基地以及众创空间等。这些平台不仅为科技成果提供了从实验室到市场的桥梁，还有效解决了技术与市场脱节的问题，加速了科技成果向现实生产力的转化。同时，在大数据时代背景下，政府还积极搭建了一系列科技信息服务平台，如科技资源数据库、科技资源共享平台以及成果转移转化服务平台等。这些平台通过整合和优化科技资源，打破了科技成果的“孤岛”现象，实现了科技信息的共享和互通。例如，北京市建立了完善的科技资源数据库和共享平台，为科技企业提供了丰富的科技资源和数据支持。这些平台不仅提高了科技资源的利用效率，还为科技成果的转化提供了更加便捷和高效的途径。天津市政府通过建设一批高水平的科技成果产业化平台，如科技园区、孵化器、加速器等，为科技企业提供了从研发到产业化的全方位支持。同时，天津还积极搭建科技金融服务平台，为科技企业提供了多元化的融资渠道和金融服务，进一步推动了科技成果的转化和应用。河北省则结合本地产业发展需求，制定了有针对性的科技成果转化政策。政府通过建设一批特色鲜明的科技成果产业化平台，如农业科技园区、高新技术产业园区等，为本地科技企业提供了更加贴近市场需求的转化服务。同时，河北省还积极搭建科技成果交易平台，为科技成果的转让和交易提供了更加便捷和高效的途径。

二、政策演进趋势特征分析

（一）北京市政策体系建设演进趋势特征分析

北京市在科技成果转化领域积极开展先行先试改革，不断出台相关政策措施以促进科技成果转化和产业化，健全促进科技成果转化的法律制度保障，在深化科技成果转化机制改革、健全科研人才队伍建设、构建专业化技术转移服务体系、强化企业技术创新能力、加速知识产权转化应用、推动京津冀协同科技成果转化等方面取得了显著成效，形成了系统性强、覆盖面广、支持力度大的政策体系。

1. 不断深化以先行先试为引领的科技成果转化体制机制改革

以中关村先行先试改革为引领的体制机制改革构成了北京市科技成果转化政策体系的核心要素，相关科技成果转化体制机制改革构成政策文本的重要内容，特别是通过专业化的制度创新措施，加速科技成果向现实生产力的有效转化。如 2014 年北京市发布《加快推进科研机构科技成果转化和产业化的若干意见（试行）》，明确了科技成果转化和产业化的方向，提出了深化科技成果管理、科研资产管理、财政经费管理等先行先试改革措施。2019 年颁布的《北京市促进科技成果转化条例》，更是在全国地方立法中率先明确给予科研人员职务科技成果所有权，为创新主体扫除了成果转化障碍，开辟了成果转化新空间，实现了立法制度设计和突破。又如，2020 年北京市教育委员会颁布《关于进一步提升北京高校专利质量加快促进科技成果转移转化的意见》，其中提到，要推动科技成果转移转化机制创新，加强高水平科研成果发掘、高质量专利培育、高标准转化服务，不断提升市场化运营能力。2022 年颁布的《关于开展中关村国家自主创新示范区核心区高等院校、科研机构和医疗卫生机构职务科技成果转化管理改革试点实施方案》在全国首先提出支持试点单位建立职务科技成果资产的单列管理制度和监管机制，为更有利于职务科技成果资产的管理。

2. 强化以激活科技人员为核心的科研人才队伍建设

北京市通过加大科研人员奖励力度、优化人才培养体系、提供全方位保障措施以及吸引和引进国际科技人才，全面激励与保障科技人才在科技成果转化中的关键作用，推动科技成果的高效转化和应用。中共北京市委、北京市人民政府在 2014 年发布的《关于进一步创新体制机制加快全国科技创新中心建设的意见》中强调，要建立以科研能力和创新成果等为导向的科技人才评价标准，完善专业技术资格评聘制度；实行科技成果入股、股票期权、分红激励等办法，增强对关键岗位、核心骨干的激励。2021 年《北京市“十四五”时期国际科技创新中心建设规划》中强调，要“吸引一流国际化人才。依托国家级创新基地、新型研发机构等创新平台，以‘大科学装置＋大科学任务’等形式，吸引全球顶尖科研人才开展科研工作”。2022 年北京市科学技术委员会、中关村科技园区管理委员会颁布的《北京市科技新星计划管理办法（修订版）》提到，通过“人才＋项目”支持模式，支持从事应用基础研究、技术创新和工程技术研发的青年人才，开展前沿科技攻关、跨学科跨领域交叉合作和科技成果转化；并且重点选拔和培养一批处于创业起步阶段的青年科技人才，支持其开展科技成果在京转化落地，推动北京的科技和人才优势转化为创新动力。同时，2022 年《北京市关于落实完善科技成果评价机制的实施意见》中也提到，要完善奖励提名制，加大对基础研究和应用基础研究成果的奖励力度，培育高水平社会力量科技奖励品牌，构建结构合理、导向鲜明的北京科技奖励体系。

3. 持续推进专业化转移转化服务体系建设

北京市持续努力、系统构建了一套专注于促进成果的高效转化与实际应用的产业化、系统化科技服务体系，这一体系有效加快了科技创新向经济价值的转化进程。2015 年北京市人民政府颁布的《关于加快首都科技服务业发展的实施意见》强调，实施知识产权服务品牌机构培育计划，引导服务机构与各类创新主体对接，支持服务机构提高知识产权分析评议、运营实施、评估交易、保护维权、投融资等服务水平；积极推动中关村国家知识产权服务业集聚发展试验区建设。同时，还强调要促进科技咨询和科普服务发展，引导科技咨询企业运用现代信息和网络技术，发展商业数据专业咨询、精准营销、知识管理等新型咨询服务；培育科研项目集成化总包和专业化分包的第三方服务机构。2021 年颁布的《“十四五”时期中关村国家自主创新示范区发展建设规划》提出打造以科技创新为特色的现代服务业，重点发展研发服务、创业孵化服务、科技咨询服务等专业科技服务和综合科技服务，助力科技成果转化。2023 年印发的《关于加强中关村国家自主创新示范区特色产业园建设的指导意见》中也强调，要“加快构建产业服务体系。支持特色园以市场化方式链接知识产权、检测认证、技术交易、科技咨询、人力资源、法律税务等第三方专业服务机构资源，为园内企业提供一站式产业服务。吸引平台型组织、头部企业参与产业服务体系建设，为企业精准提供人才、资本、市场、产业链供应链等资源对接服务”。

4. 强化企业成果转移转化主体建设

北京市通过一系列政策激励措施，如从专项基金支持、服务体系建设等多个方面全方位、多层次地促进中小微企业创新创业，增强企业的科技成果转化和创新发展能力。2016年，北京市人民政府办公厅颁布的《北京市促进科技成果转移转化行动方案》完善了首都科技创新券等政府购买服务模式，对小微企业和创业团队开展测试检测、研发设计、提供技术解决方案和购买新技术新产品（服务）等活动给予资助，促进优质科技资源开放共享。2021年印发的《"十四五"时期中关村国家自主创新示范区发展建设规划》中提到，要深入落实研发费用加计扣除、高新技术企业所得税减免等政策，支持企业持续提升创新能力。同年，中共北京市委、北京市人民政府颁布的《北京市"十四五"时期国际科技创新中心建设规划》中强调要研究争取企业基础研究投入税收优惠政策，鼓励和引导企业加大基础研究投入力度；在特定领域按规定开展高新技术企业认定"报备即批准"政策试点，推动研发费用加计扣除、高新技术企业所得税减免以及中关村小微企业研发经费支持等政策的落实。

5. 加速以价值实现为导向的知识产权转化应用

北京市科技成果转化政策通过制定相关条例和措施，明确科技成果的权属和转化程序，鼓励创新主体（包括企业、研发机构、高等院校等）积极参与科技成果转化活动，确保科技成果转化中的知识产权得到合理保护和应用。2017年，北京市人民政府发布的《关于优化人才服务促进科技创新推动高精尖产业发展的若干措施》中再次提到，要健全知识成果保护机制，设立知识产权保护中心，为人才在专利申请、授权、保护、维权援助、运营转化等方面提供定制服务。2020年中关村科技园区管理委员会印发的《关于强化高价值专利运营促进科技成果转化的若干措施》中提到，"鼓励企业开展知识产权高端运用工作。支持中关村示范区知识产权领军企业和重点示范企业开展知识产权战略制定、数据挖掘、信息检索分析、预警、运营、专利布局、法律服务等知识产权高端推进工作，形成知识产权高端运用示范效应"。北京市人民政府办公厅于2022年发布的《北京市关于实施"三大工程"进一步支持和服务高新技术企业发展的若干措施》中强调，要支持企业加强知识产权保护，将符合条件的企业纳入中国（北京）知识产权保护中心、中国（中关村）知识产权保护中心专利快速预审通道，实现专利申请快速审查、快速确权。

（二）天津市政策体系建设演进趋势特征分析

过去十年间，天津市制定和实施了一系列科技成果转化政策，率先在国内立法通过《天津市促进科技成果转化条例》，为科技成果转化提供了法律保障，密集出台了一系列促进科技成果转化的新政，打通了科技成果转化的堵点，破除了瓶颈，形成“法规—实施意见—配套细则—操作指引”的“四重接力棒”科技成果转化政策体系，这些政策在促进科研机构成果转化、社会经济发展和企业科技创新等方面均发挥了重要的作用，并形成了一定的特色与亮点。

1. 建立健全科技人才专业能力培养机制

2017 年，天津市科学技术委员会、天津市人力资源和社会保障局、天津市农村工作委员会、天津市教育委员会、天津市财政局联合发布《天津市深入推行科技特派员制度行动方案》，指出要“完善特派员科技帮扶服务体系。以科技特派员为载体，以农业科技创新示范基地为依托，围绕重点帮扶产业，推动创新链与产业的有机融合，建立与产业链需求相匹配、结构合理、管理有序的科技特派员队伍，建立面向农村的技术研发与引进、集成与示范、对接与咨询、培训与指导‘四位一体’的服务体系”。2023 年，天津市科学技术局等六部门共同研究制定了《天津市减轻青年科研人员负担专项行动工作方案》，支持有条件的科研单位面向职业早期青年科研人员设立青年人才培养专项，建立小额度、广覆盖、长周期、重过程的科研经费资助体系；实施创新人才培养专项，为青年科技人才举办科技大讲座、专题研修班等培训交流活动；实施青年科技人才中长期出国（境）培训项目，支持优秀青年人才拓展国际视野、提升能力素质。

2. 着力提高科技成果转化服务平台效能

2015 年，天津市财政局与天津市教育委员会联合发布《天津市高等学校科技成果转化奖励项目专项资金管理办法》，提出要进行科技成果转化平台建设，包括高校科技成果转化制度、技术转移机构及信息共享平台、从事科技成果转化或面向经济社会发展开展服务的研究机构、与企事业单位合作建立的各类平台和联盟等。2023 年 12 月，天津市人民政府办公厅发布《关于进一步推进高校技术转移机构高质量发展的若干措施》，指出要“提升技术转移服务能力。支持高校建立科技成果、创业项目遴选机制和重大科技成果动态监测机制，积极参与京津冀科技成果共享库建设。支持高校实施专利转化专项计划，设立高校知识产权运营中心，建立以产业化前景分析为核心的专利申请前评估制度，对承接并完成专项计划的高校给予支持”。

3. 不断提升产业技术创新主导地位

2018 年，《天津市教育委员会关于落实〈天津市关于加快推进智能科技产业发展的若干政策〉实施方案》发布，提出要进一步完善学科（方向）布局，加强高校在人工智能与计算机、控制、量子、神经和认知科学以及数学、心理学、经济学、法学、社会学等相关学科的交叉融合；鼓励高校进一步完善人工智能基础理论、计算机视觉与模式识别、数据分析与机器学习、自然语言处理、知识工程、智能系统等相关方向建设，突出特色，错位发展。2023 年，为了落实科技部、财政部在《企业技术创新能力提升行动方案（2022—2023 年）》中提出的要求，天津市科技局和财政局联合推出了具体的工作举措，要求实施科技创新券政策，重点支持企业向创新券服务机构购买与其科技创新活动直接相关的研究开发类科技服务；同时鼓励企业组建创新联合体，支持科技领军企业统筹行业上下游创新资源，牵头组建体系化、任务型创新联合体。

4. 积极推进知识产权保护运营管理制度

2016 年，天津市人民政府办公厅发布《关于加快推进知识产权强市建设的实施意见》，指出要“强化天津市知识产权战略领导小组工作机制。发挥市知识产权战略领导小组统筹协调职能，深入推进知识产权战略实施，确保《天津市知识产权“十三五”规划》充分落实，促进各类知识产权的均衡发展”。对于不同行业的发展，天津市知识产权局于 2023 年印发《天津市加快推动知识产权服务业高质量发展若干措施》，指出要加快知识产权服务业与产业融合发展，包括：引导知识产权服务业聚焦信创、集成电路、车联网、生物医药、中医药、新能源、新材料、航空航天、高端装备、汽车及新能源汽车、绿色石化、轻工等十二条重点产业链，提供专业服务，助力产业链高质量发展；深化国家级专利导航服务基地建设，促进知识产权服务深度融入产业创新发展。2024 年 6 月，天津市人民政府办公厅发布《天津市强化专利转化运用专项行动实施方案》，指出要“优化高校和科研机构专利转化评估机制。深化专利开放许可试点建设，搭建开放许可信息发布平台，做好许可使用费定价指导、许可后产业化配套服务，对达成并备案的专利开放许可，依法依规予以技术合同登记认定”。

5. 持续构建新模式科技成果转化生态系统

天津市通过整合资源，大力推进天开高教科创园建设，为成果转化提供更有力的政策支撑。天开高教科创园以天津市南开区环南开大学、天津大学、天津医科大学片区为核心区，以西青区大学城片区为西翼拓展区，以津南区海河教育园区片区为东翼拓展区，之后高新区华苑科技园区以及河西、东丽、和平区相关载体园区有序纳入天开高教科创园“一核两翼多点”空间发展布局。为支持天开高教科创园建设，天津市政府出台了一系列政策措施，包括 2023 年 4 月发布的《关于支持天开高教科创园高质量发展的若干政策措施》、2024 年 5 月发布的《关于进一步支持天开高教科创园高质量发展的若干政策措施》等，要求以重点高校和“国字号”创新平台为依托，打造以关键核心技术突破、科技成果转化为重点，创新链与产业链深度融合的科技创新策源地。在南开区、西青区、津南区的核心区域内，充分利用了高校的科研资源，并较好地实现了高校与企业、科研单位科技成果平台的对接。

（三）河北省政策体系建设演进趋势特征分析

河北省地处京津冀协同发展的核心区域，具有独特的区位优势和资源优势，拥有众多高校、科研院所和企业，科技成果资源丰富。河北省作为经济大省，面临着转型升级和高质量发展的迫切需求，科技成果转化作为推动经济发展的重要手段，对提升河北省的产业竞争力和创新能力具有重要作用。加强与京津地区的科技合作与交流，推动京津科技成果在河北的转化落地，是河北省科技成果转化政策的重要方向。河北省政府制定了一系列促进科技成果转化的政策措施，涉及完善人才队伍建设、建设技术转移服务机构、增强企业的技术研发创新能力、促进知识产权的有效转化和加强京津资源引进与协作等五个方面。

1. 着力推动以人才为中心的京津资源引聚落地

2015 年河北省人民政府发布的《关于加快科技服务业发展的实施意见》提出实施“双百双千”人才建设工程，该工程着眼于产业技术创新、高端智力引进以及科技型中小企业发展，旨在引进和培养一批高素质科技创新人才，为河北省科技成果转化工作提供有力的人才保障。为了进一步构建高水平科技创新体系，2021 年河北省人民政府办公厅发布《河北省科技创新“十四五”规划》，该规划提出了“百人计划”“名校英才入冀”“春晖人才”“外专百人计划”“重大引智计划”“科技卓越人才国际培养计划”等一系列人才引进交流计划。这些计划旨在聚拢一批具有国际影响力的科技领军人才和优秀研究群体，为河北省的科技创新提供坚实的人才支撑。在科研人员激励制度方面，2021 年河北省人民政府办公厅印发《关于改革完善省级财政科研经费使用管理的若干措施》，提出落实基本科研业务费激励机制，在部分高等学校、省属科研院所开展基本科研业务费制度试点，允许试点单位从基本科研业务费中提取不超过 30% 作为奖励经费，激发科研人员创新活力。此外，2022 年，河北省人民政府办公厅印发《关于进一步吸引京津科技成果在冀转移转化的若干措施》，明确对全职到河北工作的国家高层次创新型科技人才的优厚待遇，包括在享受各地各单位引人政策基础上，省财政将给予每人最高 1 000 万元科研经费补贴和 200 万元安家费，同时提供一站式科技人才服务保障，确保人才在河北能够安心工作、潜心研究。

2. 不断加强科技成果转移转化服务机构建设

2019 年印发的《河北省推动科技服务业高质量发展实施方案（2019—2022 年）》为科技服务业的发展指明了方向。该方案强调要“发展新型科技服务组织。聚焦战略性新兴产业发展和产业转型升级重大需求，建设‘研发作为产业、技术作为商品’的河北省产业技术研究院。着眼畅通科技成果转移转化通道，建设全球化视野、国际化资源、市场化运营的河北科技成果展示交易中心”，同时，“依托雄安新区战略优势，引入国内外顶尖科技服务机构和平台，建设一支高素质、专业化的科技服务人才队伍，发展技术转移、检验检测认证、知识产权运营、科技咨询等新业态”。2020年，河北省人民政府发布《关于促进高新技术产业开发区高质量发展的实施意见》，明确提出要推动高新区成为科技创新和成果转化的重要载体，具体措施包括：集聚发展一批专业化技术转移服务机构，建立一批产业技术创新战略联盟，完善技术转移要素配置，提升科技成果转移转化的支撑服务能力和承载能力。

3. 推动企业的技术创新和承接能力建设

在对提高创新能力的企业实施优惠方面，2014年河北省人民政府办公厅发布《关于推动企业增加研发投入提升企业技术创新能力的实施意见》，指出要加强企业研发费用税前加计扣除、技术转让以及高新技术企业等税收优惠政策的宣传，简化办事流程，建立企业研发费用优惠政策落实情况的跟踪检查制度。2016年中共河北省委、河北省人民政府发布的《关于加快科技创新建设创新型河北的决定》也提到要求实施企业研发投入跃升行动，全面落实研发费用税前加计扣除、加速折旧、高新技术企业所得税减免等激励政策。在加强企业创新能力方面，2015年中共河北省委、河北省人民政府印发的《关于深化科技体制改革加快推进创新发展的实施意见》指出，要完善企业为主体的产业技术创新机制，完善“企业出题、政府立题、协同破题”的技术创新组织模式，坚持课题来自市场需求、成果交由市场检验、绩效通过市场评估、财政支持由市场决定的创新决策方式；支持企业成为技术创新决策、研发投入、科研组织和成果转化的主体；同时，实施企业研发费用投入后补助政策，支持企业自主决策先行投入开展创新活动。在引导各类企业技术创新方面，2021年中共河北省委办公厅、河北省人民政府办公厅发布的《关于大力推进科技创新工作的若干措施》提出推广企业创新积分制，构建基于创新定量评价的科技企业增信机制，对于开展企业创新积分制试点工作的高新区，根据积分评价结果给予资金支持，用于加快培育一批研发能力强、成长潜力大的科技企业；同时还提出，对首次认定的国家技术创新示范企业，给予一次性资金奖励，用于鼓励企业加强研发机构建设和新产品、新技术研发等。

4. 着力推动知识产权的有效转化运用

2015 年，河北省人民政府发布《关于大力推进大众创业万众创新若干政策措施的实施意见》，指出要“加强创业知识产权保护。健全知识产权保护和运用制度，加强商业模式等新形态创新成果的知识产权保护，开展创业企业商标注册指导服务。推动京津冀知识产权执法保护一体化建设，建立知识产权重大案件办理协作通道”。同年，河北省人民政府发布的《关于加强知识产权保护和运用工作的意见》中指出，要加强知识产权保护和运用，健全技术创新激励机制，引导和促进创新成果产权化、知识产权产业化，充分发挥知识产权制度在配置创新资源、导航产业发展、优化创新管理、提升创新效率、保障创新权益中的重要作用。2018 年河北省人民政府发布的《河北省技术转移体系建设实施方案》中指出，重点任务包括“提升知识产权创造、运营和保护能力。推进建立知识产权评议机制，在重大科技计划项目中明确成果转化任务，设立与转化直接相关的考核指标”。

5. 加强与京津科技成果协同转化

2016 年，中共河北省委、河北省人民政府发布《关于加快科技创新建设创新型河北的决定》，提出建设京津冀协同创新共同体，围绕建设环京津核心功能区，支持保定、廊坊市建设要素健全、功能完备的集中承载地，承接京津的技术转移、成果转化和产业外溢，打造引领创新驱动发展的核心区域。2019 年，河北省人民政府办公厅发布《河北省推动科技服务业高质量发展实施方案（2019—2022 年）》，指出要依托河北·京南国家科技成果转移转化示范区等重大平台，积极开展科技招商、平台招商和新业态招商；要深化京津冀科技创新券合作，推动三地科技创新券相互衔接、互认互通、统筹使用；构建京津冀一体化的技术市场，统一交易规则、服务规范、信息标准，实现技术转移、科技金融、创业孵化、知识产权等服务机构的协同互动。2022 年，河北省人民政府办公厅发布的《关于进一步吸引京津科技成果在冀转移转化的若干措施》中也提到，要打造京津科技成果直通车，围绕主导产业和特色产业，举办科技成果直通车、国家科技计划成果路演行动、京津科研院所高校河北行等品牌对接活动。

过去十年，京津冀地区制定颁布了一系列促进科技成果转化的政策文件，构建了具有鲜明特色的政策体系和实践模式。北京市充分利用科教资源高度聚集优势，致力于强化创新策源功能、激发创新主体活力和优化创新环境；天津市侧重于先进制造研发基地功能定位，强化产业创新优势，探索成果转化政策改革创新举措，积极推进科技成果转化服务体系构建和科技成果承接载体建设；河北省则鼓励京津两地的科技成果产业化应用，通过政策引导，促进科技成果的商业化和规模化发展。总体而言，京津冀科技成果转化政策对推动京津冀协同发展具有重要的指导意义。

第三章　京津冀科技成果转化服务体系建设

科技成果转化服务体系指为促进和保障科技成果转化为现实生产力而在科技成果持有者与经济活动承担者之间起到服务和媒介作用的各类组织、机构、人才及其统称。科技成果转化服务主要包括技术研发及熟化、成果评价、技术交易、企业孵化、技术咨询、科技投融资等多方面的服务内容。本章聚焦推进科技成果转化服务的直接主体，即从科技成果转化机构和人才两个方面总结分析十年来京津冀三地科技成果转移服务体系建设情况。

第一节　京津冀科技成果转化服务体系建设进展

2014 年以来，京津冀三地政府部门深入贯彻落实京津冀协同发展国家战略，以强化工作机制建设、出台政策措施、建设载体平台、开放共享资源为重点，不断加强科技成果转化服务体系建设，科技成果进一步有序流动和高效配置，京津冀技术交易市场更加活跃。

一、北京市科技成果转化服务体系建设进展

（一）加强全市层面组织保障

近年来，北京市加快推动国际科技创新中心建设，积极推进科技成果转化工作，为高水平科技自立自强提供有力支撑。全市层面成立促进科技成果转化议事协调联席会，并且在强化组织动员、营造社会氛围、深化体制改革、激发转化活力方面提出具体任务；在加大承接力度、促进成果落地方面，部署加强专业平台建设、加强科技成果供需对接等任务；在健全市场体系、提升转化效率方面，部署培育专业服务机构、引导社会投资等任务。由此，北京市科技成

果转化服务体系建设形成“上下一盘棋”。

(二)突破制度堵点，大力推进先行先试改革

十年来，北京市积极落实国家相关法律法规，推进先行先试改革，先后出台“京校十条”“京科九条”“科创30条”等突破性政策，率先实施科技成果处置、使用、收益“三权”改革。2019年，制定《北京市促进科技成果转化条例》实现立法制度设计和突破，在全国地方立法中率先明确赋予科研人员职务科技成果所有权。同时，该条例明确成果转化服务机构法律地位，鼓励设立各类转化服务机构，支持开展跨境、跨区域科技成果转化服务，支持国内外转化服务机构在本市设立分支机构，加强技术交易市场建设，发挥转化服务机构供需对接的“黏合剂”作用。

(三)推进中关村加快建设科技成果转化标杆区

中关村国家自主创新示范区作为北京市科技创新主阵地，以中关村西区为核心，加快建设国家技术转移集聚区，吸引国际高端创新机构、跨国公司研发中心等落户，打造国家技术转移示范区，推动技术转移服务机构的集聚和发展。《中关村世界领先科技园区建设方案(2024—2027年)》中明确，鼓励国际知名科技服务机构、硬科技孵化平台、风险投资机构等落户中关村，集聚知识产权人才、产业投资人、技术经理人等国际化专业人才；支持高等学校、科研院所设立技术转移专业和知识产权学院，加强技术转移人才及知识产权人才培养；深入实施“朱雀计划”，建立专业化科技项目经理人队伍。

(四)探索成果转化新型组织模式

2014—2024年，北京市政府和相关部门积极推动新型研发机构的高质量发展，推动相关机构逐步健全完善各项制度，以适应科研范式变革，提升科研能力和核心竞争力，产出更多原创科研成果。2018年1月，《北京市支持建设世界一流新型研发机构实施办法(试行)》出台，明确支持新型研发机构积极推广应用科技成果，促进技术交易和成果转移转化。2023年9月，《北京市支

持世界一流新型研发机构高质量发展实施办法》出台，其将科技成果转化作为专章，明确新型研发机构应做好关键领域知识产权布局，贯彻落实《中华人民共和国促进科技成果转化法》和《北京市促进科技成果转化条例》，建立健全科技成果转化制度，鼓励科研人员开展成果转化，促进企业孵化育成。北京市重点在合成生物制造产业及未来产业方面布局了一批新型研发机构。一是出台《北京市加快合成生物制造产业创新发展行动计划（2024—2026年）》，推动合成生物制造产业的创新发展，打造具有全球影响力的合成生物制造产业创新高地。二是出台《北京市促进未来产业创新发展实施方案》，构建未来产业创新发展生态，推动原创成果实现突破，加速中试孵化，并推动产业梯度共进。

二、天津市科技成果转化服务体系建设进展

（一）完善科技成果转化服务机制建设

2017年，天津市印发《天津市技术转移体系建设方案》，首次明确提出天津技术转移体系的“四梁八柱”，从技术转移的全过程、全链条、全要素出发，从基础架构、转移通道、支撑保障三个方面进行系统布局，明确提出：到2020年，基本建成适应新形势和京津冀协同发展要求的天津市技术转移体系，初步形成互联互通的技术市场，发展壮大市场化的技术转移机构和专业化的技术转移人才队伍；到2025年，全面建成结构合理、功能完善、体制健全、运行高效的技术转移体系。同时，天津市为推动校企握手，建立市、部门、高校三个层面的协调推进机制，即与南开大学、天津大学高层的定期会商机制，天津市科技局牵头的天津市校联合办公机制，天津市教委牵头的天津市属高校校地校企对接机制，持续细化科技创新支持政策，着力解决高校科技成果转化中的堵点、痛点和难点问题。

（二）以政策改革优化成果转化服务体系

2022年，天津市人民政府办公厅印发《关于完善科技成果评价机制的实施意见》，旨在进一步打通政策落实堵点难点，提出四大类17项重点任务，通

过充分放权赋权，破解“不敢为”难题；通过落实收益分配和考核奖励机制，破解“不愿为”难题；通过提升专业化服务能力，破解“不会为”难题。2024年，天津市全面推行科技成果使用权、处置权、收益权改革，进一步深化职务科技成果单列管理、所有权赋权改革、作价投资等创新改革，发布《关于进一步推动科技成果转化创新改革的若干措施》，围绕建立完善科技成果转化服务体系、实施职务科技成果单列管理、深化职务科技成果赋权改革、深入推行科技成果作价入股、优化横向科研项目结余经费使用、盘活存量专利、加强绩效激励和容错免责方面，提出18条创新改革举措。此外，制定了实施细则，编制《高校科技成果作价投资操作指引》等13项工作指引。

（三）加强成果转化产业化载体建设

2014年以来，天津市持续建设载体承接平台，畅通成果转化渠道，科技成果转化服务体系承接力不断提升。2021年，《天津市人民政府关于加快推进天津市大学科技园建设的指导意见》发布，其提出以市场化运作为导向，以提升创新创业服务能力为着力点，在高校资源密集的区建设有区域特色的大学科技园，使其成为高校成果转化“首站”、区域创新创业“核心孵化园”和新兴产业“策源地”。截至目前，天津市已建设13家大学科技园。2023年，天津市以“科技创新策源地、科研成果孵化器、科创服务生态圈”为功能定位，依托天津大学、南开大学等高校资源高标准建设天开高教科创园，为全市打造科创服务高地发挥示范带动作用。截至2023年底，注册企业超过1 600家，聚集金融机构108家，吸引科技服务机构117家，形成了政务、科创、金融、商务、知识等五类高品质服务。

（四）加快建设京津冀区域科技成果转化中心

为贯彻落实习近平总书记在京津冀座谈会提出的“要构建产学研协作新模式，提升科技成果区域内转化效率和比重”重要要求，天津市立足京津冀协同发展新起点，充分发挥天津科教资源丰富、制造业基础雄厚和生产要素齐全的资源禀赋比较优势，加快建设区域科技成果转化中心，推进形成京津冀科创—

转化“双中心”格局。区域中心建设将通过协同布局科技成果验证中试体系、协同打造一体化科技成果转化服务体系，主动探索跨区域产学研协作新模式，有效破解北京市科技成果“孔雀东南飞”和“蛙跳”现象，进一步深化京津冀区域协同创新和产业协作，促进京津冀更多科技成果就近就便转化为新质生产力。

三、河北省科技成果转化服务体系建设进展

（一）强化顶层设计系统谋划

2018 年，河北省印发《河北省技术转移体系建设实施方案》，提出到 2020 年基本建成适应新形势的技术转移体系，提出优化技术转移体系基础架构、拓宽技术转移通道、完善政策环境和支撑保障三大重点任务，强调做强产学研协同技术转移平台、打造国际化技术转移中心、建立一体化的京津冀技术市场，形成纵向贯通省市县、横向联结产学研、延伸链接国内外的技术转移转化服务网络。与此同时，河北省搭建“一网一会两中心”（河北省科技成果转化网、河北省技术市场协会、河北省科技成果转化促进中心和河北省科技成果展示交易中心）成果转化网络，构建技术成果库、专利供给库、技术专家库、科技政策库“四库资源”，建立供需对接跟踪服务账、意向签约项目推进落地账、科技服务机构联合转化账“三本台账”，形成全方位加速科技成果转化的创新机制和工作体系。

（二）构建“京津研发、河北转化”模式

河北省主动对接中关村等创新策源地，支持京津高校、科研院所、企业在河北建设科技创新平台，搭建技术转移平台和中试熟化基地，启动上线“京津冀科技创新服务平台地图”，让京津富集的创新资源和科技成果加速在河北孵化转化。2022 年，河北省出台《关于进一步吸引京津科技成果在冀转移转化的若干措施》，在引进高层次人才、吸引科技型企业落地、设立京津研发飞地等 12 个方面制定鼓励政策，吸引更多京津人才、科技成果等高水平创新要素

向河北省集聚。2023 年，河北省吸纳的京津技术合同成交额达 810 亿元，是 2014 年的 12 倍；京津专利技术在河北省转化 1 339 次，同比增长 74.74%。

（三）建设国家科技成果转移转化示范区

2016 年，河北省获批建设河北·京南国家科技成果转移转化示范区，以落实京津冀协同发展战略为核心，打造京津冀协同创新重要载体，充分发挥跨区域辐射带动作用。完善京津冀三地合作共建机制，加强科技创新成果、人才、平台、资本等资源开放共享，探索承接京津创新要素外溢转移、与河北省产业创新需求对接转化的新模式。加强政策先行先试，在跨区域技术转移、人才引进、科技金融、财税支持等方面探索形成一批政策措施。加强体制机制创新，在示范区市场化建设模式、科技成果产业化路径、中介机构专业化发展、一区多园协同创新等方面取得突破，建设京津冀科技成果转移转化共同体。2022 年，河北省科技厅印发《河北·京南国家科技成果转移转化示范区建设方案（2022—2025 年）》，京南示范区建设空间由“十园”拓展为石家庄、廊坊、保定、沧州、衡水和雄安新区“五市一区”全域，进一步集聚科技创新资源，推动成果转化政策、措施先行先试，吸引更多京津科技成果到河北孵化转化。

（四）以场景创新释放科技成果转化活力

为把握场景驱动创新的重大机遇，2024 年河北省印发《河北省打造和开放创新应用场景三年行动方案（2024—2026 年）》，提出形成“1231”特色工作模式，以“场景创新赋能产业”为主题，按照“为场景找技术、为技术找场景”双找路径，协同京津推进场景共建共享、协同部门打造重点产业领域场景、协同地方建设区域特色场景，构建“政府部门＋科技企业＋科研机构＋技术转移机构＋金融机构”多元主体融合的场景创新生态。一年多来，河北省发布场景 156 项，促成签约 120 项，合同总额达 5.8 亿元，500 多项先进技术成果得到验证应用。

第二节　京津冀科技成果转化机构发展

一、北京市科技成果转化机构发展

（一）多层次布局技术转移机构

北京市出台一系列政策措施，以创新主体需求为导向，以促进科技成果转化为核心，大力加强技术转移机构建设，技术转移机构体系日益完善，形成从国家级到地方级、从高校到研究机构的多层次布局体系。截至 2024 年 8 月，北京市共有 174 家技术转移机构，涵盖高校院所、医疗卫生机构的内设技术转移机构和负责科技成果转移转化的法人实体及市场化技术转移机构，形成了北京理工大学技术转移中心、中关村天合科技成果转化促进中心等一批典型案例。

（二）建设具有全国影响力的技术交易市场

北京市以中国技术交易所为核心，建设技术交易市场。2009 年，中国技术交易所经国务院批准，由北京市人民政府、科技部、国家知识产权局和中国科学院联合共建。中国技术交易所为科技成果转化和技术交易提供价值评估、交易对接、公开竞价、项目孵化、科技金融、政策研究等专业化服务，形成五大类 19 项服务产品，为客户提供“菜单式＋定制化”服务方案。同时，中国技术交易所积极探索互联网＋技术交易新模式，在科技部支持下建成并上线全国性的技术交易服务网络平台，实现了基于互联网的技术交易项目集聚、信息披露、在线路演、在线竞价等功能，并在全国推广应用。

（三）加强新型研发机构高质量发展

北京市科委、中关村管委会推动新型研发机构结合北京市的优势和特点，围绕关键技术方向和问题，集中力量开展科学研究和技术攻关，搭建了一批高校院所难以独立建设、企业等市场化主体不愿投资建设的技术平台，以提升高质量科技成果源头供给能力，助推科技成果加速转化。截至目前，北京市已在量子、脑科学与类脑研究、人工智能等关键领域完成布局，取得显著成效，成立北京生命科学研究所、北京量子信息科学研究院、北京脑科学与类脑研究所、北京智源人工智能研究院等一批新型研发机构，吸引了大量战略性科技创新领军人才及高水平创新团队，在量子计算、人工智能、脑科学等领域取得了一系列原创科研成果，如北京量子信息科学研究院发布的新一代量子计算云平台“Quafu”（夸父）和北京智源人工智能研究院推动的“悟道 3.0”大模型研究突破。

（四）大力支持概念验证平台建设

北京市支持科技创新主体聚焦科技成果转化早期阶段，围绕高精尖产业领域，建设集市场研究、企业对接、原型设计、供应链配套、技术集成、样机研制、性能测试、工艺定型、小批量试制、场景应用等服务于一体的概念验证平台。2023 年，北京市科委、中关村管委会投入首批支持概念验证平台的资金近 5 000 万元，支持中央在京及市属高校院所、医疗卫生机构及企业建设概念验证平台。截至目前，已累计支持 15 家概念验证平台，概念验证服务体系初步形成，概念验证成果初步显现，各概念验证平台开展概念验证项目 323 项，累计形成工程样机 183 项，推动成果在京转化 119 项，合同金额达 2.3 亿元。

二、天津市科技成果转化机构发展

（一）搭建“1+4”技术转移机构体系

2022 年发布的《天津市促进科技成果转化后补助办法》规定，天津市技术转移机构的管理模式实行登记制，符合业务范围的机构可随时申请登记，并需每年更新信息。天津市技术转移机构的支持模式为后补助，即按照促进科技成果转化绩效，由市财政安排专项资金，按照一定标准对相关完成单位提供补助。截至 2023 年底，天津市已登记备案的技术转移机构有 239 家，充分发挥天津市科技成果展示交易中心的核心带动作用，发展高校、行业、服务、区域等各类技术转移机构，逐步培育了一批综合服务能力较强、带动效益显著的技术转移机构，这些机构提供技术经纪、供需对接、技术集成、成果评价和投融资等服务。

（二）建设双平台的技术交易市场

天津市以天津产权交易中心为依托，建有天津技术产权交易平台、天津知识产权交易平台。天津产权交易中心成立于 1994 年，是经天津市人民政府批准组建的天津市唯一一家产权交易服务机构，下辖 4 个全资子企业、1 个控股企业、12 个参股企业。其投资运营区域性股权、农村产权、排放权、金融资产、技术产权等专业交易市场，业务涵盖企业股权和企业资产交易、企业增资扩股融资、中小微企业挂牌融资、租赁权融资、小客车竞价服务、科技成果转化、知识产权交易等数十个类别。天津产权交易中心通过技术、知识产权交易平台，集聚各类创新要素，形成成果库、需求库、案例库、评价工具方法库，开展线上线下相结合的技术交易活动；为高校、科研机构和企业提供知识产权公开披露、评估评价、转移转化、技术股权退出以及融资质押等服务。

（三）建设多种类新型研发机构

2014—2024 年，天津市通过组建产业技术研究院、海河实验室、创新联合体等新型研发机构，积极培育国家战略科技力量，推动创新链、产业链、人才链的深度融合。通过出台一系列支持政策，天津市产业技术研究院创新能力稳步提升，服务水平持续提高，亮点成果不断涌现。例如，清华大学天津高端装备研究院衍生企业华海清科股份有限公司成功掌握化学机械抛光设备关键核心技术，天津国科医工科技发展有限公司研制出国内首台医用三重四极杆质谱仪等。天津市委、市政府以国家战略和天津需求为导向，建设 6 家具有国际影响力的突破性、引领性、平台型、一体化的大型综合性研究基地，聚焦不同科技前沿领域，整合资源，推动技术创新和产业应用。截至目前，天津已完成 6 家海河实验室建设。除此之外，天津市还聚焦战略性新兴产业，重点在新一代信息技术、高端装备、创新药物、医疗器械与智能医疗、生物制造、现代农业、城市建设、绿色低碳、海洋、资源与环境等领域组建一批创新联合体。

（四）布局概念验证平台

2024 年 7 月，天津市发布《天津市促进天开高教科创园发展条例》，提出支持专业机构布局和建设概念验证中心、专业性和综合性中试基地，创新服务业态和服务模式，为天开高教科创园科技成果转化提供概念验证、投产前试验、中试生产、工程化等服务，首次以立法形式支持布局和建设概念验证平台。截至目前，围绕天津市“1+3+4”现代化产业体系建设，已建设形成 34 家概念验证平台，其中 14 家涉及智能科技领域，15 家涉及生命科技领域，5 家涉及低碳科技领域。

三、河北省科技成果转化机构发展

（一）构建三级技术转移机构网络

河北省构建覆盖全省的技术转移机构网络，建立了功能完备、交易活跃、互联互通的省、市、县三级技术转移机构网络。支持技术转移机构成立河北省技术转移机构联盟，并纳入省级创新联盟管理。截至目前，已登记备案的河北省技术转移机构达 168 家，其中高校内设机构 30 家，院所、协会、社团、事业单位类机构 38 家，企业类机构 100 家，2023 年共促成 13 970 项技术转移项目，占全省技术合同成交项数的 61.8%。

（二）打造“四位一体”的技术交易市场

河北省技术交易市场建设以河北省科技成果展示交易中心为依托。该中心按照运营市场化、功能平台化、资源国际化、展交数字化的思路，坚持突出成果做展示、汇聚资源做交易、协同内外做转化、面向市场做产业的目标，着力打造展示、交易、转化、产业化“四位一体”的全国性技术交易大市场和国际化技术转移大平台。同时，2021 年河北省科技成果转化网上线，标志着立足河北、面向京津、链接国内外、打造国际化的科技成果展示交易平台基本建成，该平台以促进技术转移和科技成果转化、产业化为目的，是全省唯一的综合性创新平台。

（三）创新体制机制，发展新型研发机构

2014—2024 年，河北省科学技术厅持续加强政策引导激励。2019 年，出台《河北省新型研发机构建设工作指引》，遴选 110 家新型研发机构试点培育单位，引导支持试点单位创新体制机制，面向市场需求建设发展新型研发机构。2021 年，出台《河北省新型研发机构管理办法》，明确省新型研发机构建设发展定位、建设运行模式、评价标准、管理方式和支持措施等。2023 年，河北省重新制定出台《河北省新型研发机构管理办法》，在功能定位、申报条件、管理评价、支持政策等方面进行补充完善和明确。根据河北省政策规定，新型研发机构在科技计划项目、创新平台建设、成果转化激励、人才团队等方面享受相应的支持政策。对符合条件的省新型研发机构，将给予大型科研仪器设备开放共享后补助经费奖励；对成长型省新型研发机构，依据绩效评价结果，择优给予一次性绩效后补助经费支持；对省重点支持的新型研发机构采取“一事一议、一院一策”方式进行综合评议和重点扶持。

（四）打造“中试+”创新生态

2024 年，《河北省打造和开放创新应用场景三年行动方案（2024—2026 年）》印发，提出围绕重点产业领域加快布局建设一批概念验证中心、科技成果中试示范平台构建“技术研发 + 中试平台 + 投资基金 + 应用场景”的“中试+”创新生态，打造面向京津的科技成果中试首选地。同时，河北省科技厅首批立项支持建设 6 家示范特色鲜明、引领性突出、产业支撑作用强的河北省科技成果中试示范平台，并分别给予 200 万元资金支持，并以此作为典型案例在全省范围内示范。以百川机器人科技成果转化中试示范平台为例，该平台提供了中试综合保险、高新机器人科技创新创业投资基金、创制券等金融服务，与政府合力构建“中试 + 研发 + 基金 + 保险 + 孵化”模式，为创新型中小企业

搭建共享工厂。

第三节　京津冀技术转移人才培养

一、北京市技术转移人才培养

（一）提升技术经理人职业发展空间

2019年，北京市发布《北京市工程技术系列（技术经纪）专业技术资格评价试行办法》，在国内率先单独设立技术经纪职称，并于2020年启动首次技术经纪专业职称评价工作。2021年北京市地方标准《技术转移服务人员能力规范》实施，其规定了技术转移服务人员的基本要求、能力要求、从业守则等，成为全国首个技术转移服务人员能力建设的地方标准。2022年，北京出台《关于推动北京市技术经理人队伍建设工作方案》《北京市技术转移机构及技术经理人登记办法》等一系列政策文件，探索技术经理人能力提升和职业发展空间，扩大技术经理人队伍规模，推动技术经理人全程参与科技成果转化。

（二）率先纳入学历教育

北京市积极推动技术转移人才培养，以建设技术转移学院、研究院等形式将其纳入学历教育培养体系中，依托科技成果转化优势明显、研究生培养质量高的高校，开展技术转移研究生教育试点工作。清华大学依托五道口金融学院，从2020年9月起每年招收30名非全日制金融（技术转移）硕士研究生，加快专业化技术经纪人的培养；北京理工大学自2020年起开展技术转移方向研究生教育改革试点工作，将技术转移方向设置为工商管理硕士专业学位（MBA）下设的二级方向。

（三）积极推进社会化培训

2015 年，北京市科委牵头组织北京工业大学、北京技术市场协会、中国技术交易所三家单位向原科技部火炬中心（火炬中心于 2023 年 8 月划入工业和信息化部）申报成立“国培基地（北京）”并获批。北京市依托坐落于北京工业大学的“国培基地（北京）”开展人才培养。同时，北京技术市场协会、中关村技术经理人协会等单位积极开展技术转移从业人员培训，在技术经理人培训体系建设方面形成“规范引领 + 分层培养 + 平台搭建 + 职业生态”模式，构建了分等级、分区域、分产业的多元化培养体系。

二、天津市技术转移人才培养

（一）首创“线上 + 线下”实训实践模式

2023 年 3 月，科技部火炬中心印发《高质量培养科技成果转移转化人才行动方案》，提出要探索形成以“培训 + 考试 + 实操 + 绩效”综合认证“技术经理人”执业资质的职业化发展模式。天津市滨海新区科学技术局积极探索，通过天津科技成果展示交易运营中心运营机构天津联创科技发展有限公司，开展技术经理人实训实践活动，“手把手”指导学员在真实场景中开展技术需求挖掘以及高价值科技成果转移转化，引导学员全流程参与科技成果交易和产业化工作，全面提升技术经理人的实操业务水平。

（二）将科技成果转化人才纳入高端科技人才支持范围

2023 年，天津市科技局印发《关于开展 2023 年天开高教科创园高端科技人才申报工作的通知》，将“科技成果转化人才”纳入高端科技人才支持范围，符合“获得副高级及以上技术经纪专业职称，在天开园内市场化技术转移机构工作满半年，促成与天开园创新主体的技术交易或为天开园创新主体提供服务并获取收入”要求的人才即可申报，并可享受给予奖励补助、提供房租补贴等政策支持。

（三）出台技术转移人才培养工作指引

为提高天津市技术转移从业人员专业素养和实践能力，构建高水平、专业化技术转移人才队伍，天津编制《天津市技术转移人才培养工作指引》，明确了技术转移人才培养对象，从个人参评及单位定制培训两方面规定培养模式及流程，针对初级、中级、高级技术经纪人，科技成果评价，教学资源建设分类别设置课程，明晰培训结果使用及证书获得等内容，为科技成果转化人才培养提供明确工作指引。

三、河北省技术转移人才培养

（一）依托“国培基地（河北）”开展市场化培训

2020年，河北省协同创新中心（科技大厦）获批国家技术转移人才培养基地，标志着河北省专业化技术转移人才培养进入快车道。为加快培育壮大专业化技术转移人才队伍，促进技术成果转移转化和产业化，提供有力的支撑保障，“国培基地（河北）”自建成以来，建立了培训方案、培训教材和培训师资“三位一体”的培训体系，常态化开展多层次技术转移专业培训。同时，河北省依托国家技术转移人才培养基地，筛选产业特色突出的培养实训基地，组织开展常态化、梯度化的初、中、高级技术经纪人培训。

（二）增设技术经纪专业职称

2023年，河北省人力资源和社会保障厅正式批复授权省科技厅开展技术经纪专业职称评审工作，并于2023年底前启动首次技术经纪专业职称评审工作，标志着河北省在技术经纪领域正式建立了职称评审体系。截至目前，京津冀三地全部在职称序列中增设了技术经纪专业职称，为从事技术转移、成果转化的专业人员提供了职称晋升通道。

（三）探索建立“三位一体”培养体系

河北省科技成果转化促进中心作为河北省科学技术厅所属的事业单位，全面推进全省技术转移与科技成果转化中介服务、人才培育等创新创业辅导培训工作。该机构改变了以往技术转移人才单一培养的模式，邀请高校负责技术转移、技术经纪工作的专家学者，编写河北省技术经纪人培训教材，突出强调教材与培训相辅相成、培训与职称评定联合联动，打造“基地＋教材＋职称”的“三位一体”人才培养体系；邀请行业专家，推出实训课程，通过典型案例进行实操演练，提升技术转移人才促成技术交易的实战能力。

第四节　京津冀科技成果转化服务体系协同发展

一、共建成果转化工作机制

2014 年京津冀协同发展国家战略提出后，国务院先后成立了京津冀协同发展领导小组、京津冀协同发展领导小组办公室和专家咨询委员会等，正式确定京津冀协同发展的组织领导和决策机构，随后京津冀三地分别成立领导小组，确定省市级领导层。同时，京津冀科技主管部门形成“1+3”工作机制，协同制定京津冀科技协同创新年度工作要点。2018 年，京津冀三地签署《关于共同推进京津冀协同创新共同体建设合作协议（2018—2020 年）》。2023 年 6 月，京津冀三方共同制定《京津冀重点产业链协同机制方案》，形成了三地轮值的“链长制”机制。

二、共商科技成果转化政策

为强化京津冀科技成果转化服务体系协同联动，加强区域科技成果转化工作协同合作力度，推动区域创新资源优势互补和深度融合，2014 年，京津冀签署《京津冀协同创新发展战略研究和基础研究合作框架协议》，强调建立京津冀区域协同创新发展战略研究和基础研究长效合作机制，搭建三地共同研究战略平台，开展基础研究合作，在重点领域设立合作专项。2023 年 8 月，京津冀联合印发《促进科技成果转化 协同推动京津冀高精尖重点产业发展工作方案（2023 年）》，围绕鼓励三地创新主体共建成果转化平台、强化科技成果转化服务体系协同、促进重点领域成果转化产业化等方面提出10余项重点任务，有力推动三地创新链、产业链、供应链的有效融合。2023年11月，京津冀三地人大常委会审议通过《关于推进京津冀协同创新共同体建设的决定》，加快建设北京国际科技创新中心和高水平人才高地，构建产学研协作新模式，为提升区域协同创新能力提供参考。

三、共建成果转化平台载体

为发挥中关村示范引领作用，京津冀三地同频共振，在津冀设立了雄安新区中关村科技园、天津滨海-中关村科技园、天津宝坻·京津中关村科技城、保定·中关村创新中心等一批科技分园，形成了“空间运营+集成服务+产业投资”的区域创新合作模式，逐步实现“京津研发、区域转化”的合理布局。2018年10月，京津冀科技资源创新服务平台正式挂牌，其主要功能是推进三地科技资源汇聚、科技成果供需对接、科技服务示范应用等，为推进京津冀协同创新提供了平台。国家首个综合类技术创新中心——京津冀国家技术创新中心成立，天津中心、河北中心、雄安中心已经挂牌运营。

四、共享科技成果转化资源

京津冀三地加强线上网络服务平台建设，以技E网、天津市科服网·京津冀成果网、河北省科技成果转化网为代表，开设京津冀成果和需求发布专栏，加强三地间资源信息共享。2023年，三地科技部门充分发掘三地各自的概念验证平台和中试熟化基地资源，收录三地广大企业、高校和科研院所提供的可以开展概念验证服务和中试熟化服务的机构目录及相关信息，联合发布《京津冀概念验证平台和中试熟化基地清单（第一批）》，为科技成果在京津冀区域内加速转化提供服务。聚焦重点领域，在三地间开展线上与线下相结合的科技成果供需对接活动，持续打造中关村新兴领域专题赛、中关村“火花”活动、“科技成果俏津门”、“河北科技成果直通车”等品牌活动，为高校院所和企业提供对接交流的平台和渠道。

第四章　京津冀科技成果转化成效与进展

根据《中华人民共和国促进科技成果转化法》，科技成果转化活动应当有利于加快实施创新驱动发展战略，促进科技与经济的结合，有利于提高经济效益、社会效益；科技成果持有者可以采用自行投资、向他人转让、许可他人使用、与他人共同实施转化、作价投资折算股份或者出资比例等方式实施转化。

科技成果既应当包括专利技术（含国防专利）、计算机软件著作权、集成电路布图设计专有权、植物新品种权、生物医药新品种，以及科技部、财政部、国家税务总局确定的其他技术成果等“有证科技成果”，也应当包括技术秘密等“无证科技成果”。

科技成果转化的方式可以是所有权的转让和许可，权属的变更涉及知识产权的实施情况；也可以是未发生权属变更，如技术开发、技术咨询或技术服务等形式。不管是否涉及权属变更，科技成果转化最后都将签订技术合同来保护转化各方的权利和义务。科技成果转移转化效率还未有统一的指标来衡量，本章根据京津冀知识产权发展情况和技术市场发展情况这两方面的数据分析2014—2023年京津冀三地科技成果转化的成效。

第一节　京津冀知识产权发展情况

为了推动科技成果转化，国家出台了一系列政策和措施。2014年，《深入实施国家知识产权战略行动计划（2014—2020年）》发布，明确了未来几年知识产权发展的方向。2015年，《国务院关于新形势下加快知识产权强国建设的若干意见》发布，进一步强调了知识产权的重要性。2021年，《知识产权强国建设纲要（2021—2035年）》发布，提出了全面提升知识产权创造、运用、保护、管理和服务水平的目标。同年，《“十四五”国家知识产权保护和运用规划》也对外公布，明确了到2025年的阶段性目标任务。2023年10月，国务院办公厅印发《专利转化运用专项行动方案（2023—2025年）》，对进一步加快创新成果向现实生产力转化作出部署，强调了大力推动专利产业化、加快创新成果向现实生产力转化的重要性。

京津冀根据自身实际情况出台了一系列政策文件。北京市发布了《北京市知识产权保护条例》，强调加强京津冀知识产权保护区域合作，并鼓励境外服务机构设立分支机构；天津市出台了《深入实施天津市知识产权战略行动计划（2016—2020年）》，旨在大力培育知识产权优势企业和专利密集产品；河北省印发了《河北省“十四五”知识产权保护和运用规划》，以深化京津冀知识产权协同发展。京津冀在国家知识产权局的指导下，建立了“一局三地”知识产权促进协同发展合作会商机制，并签署了《关于知识产权促进京津冀协同发展合作会商议定书》，旨在通过知识产权保护、协同知识产权运用、共享知识产权服务资源等推动三地协同发展，提升创新主体的知识产权管理能力。

一、北京市知识产权情况

（一）北京市专利基本情况

2014—2022年，北京市专利授权数持续增长，2023年略有下降。2014—2023年北京市专利授权数共计138.97万项。2014年专利授权数为7.47万项，2023年专利授权数为19.40万项，年均增长11.19%。发明专利数不断增加，2014年为10.36万项，2023年为57.43万项，年均增长20.96%，发明专利数占有效专利数的比例超四成。每万人高价值发明专利拥有量达到136.95项，稳居全国第一。2014年实用新型专利数为14.37万项，2023年增长到47.98万项，年均增长14.33%；2014年有效专利数为27.47万项，2023年增长到118.11万项，是2014年的4.30倍，年均增长17.59%。（表4-1，图4-1）

表 4-1　2014—2023 年北京市专利统计数据

年份	专利授权数/万项	发明专利数/万项	实用新型专利数/万项	有效专利数/万项	发明专利在有效专利中的占比
2014 年	7.47	10.36	14.37	27.47	37.7%
2015 年	9.40	13.30	17.56	34.49	38.6%
2016 年	10.06	16.67	20.35	41.77	39.9%
2017 年	10.69	20.53	23.13	49.49	41.5%
2018 年	12.35	24.13	26.39	56.99	42.3%
2019 年	13.17	28.43	29.16	65.31	43.5%
2020 年	16.28	33.56	34.01	76.81	43.7%
2021 年	19.88	40.50	40.34	91.36	44.3%
2022 年	20.27	47.78	45.19	104.67	45.6%
2023 年	19.40	57.43	47.98	118.11	48.6%

注：专利授权、发明专利、实用新型专利、有效专利等数据来自国家知识产权局年度报告。

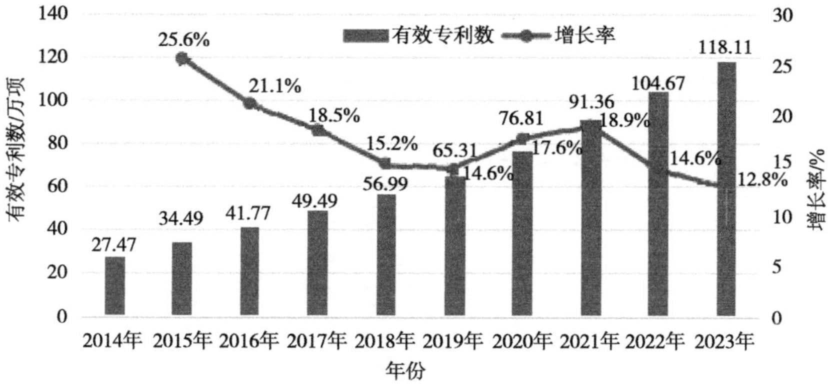

图 4-1　2014—2023 年北京市有效专利数及其增长率

（二）北京市专利申请领域情况

2014 年北京市专利申请量为 13.81 万项，2023 年专利申请量为 31.90 万项，年均增长 9.75%。（图 4-2）

2014—2023 年，北京市专利申请量 IPC（International Patent Classification，国际专利分类）分类[①] 排名前十的类别中，G06F、G06Q、H04L 居前三位，它

① 2014—2023 年 IPC 分类数据和申请人类别数据来自 incoPat 数据库。

们的申请量都突破了 10 万项；G01N、G06N、G06K、H04W、G06T 类也较多，申请量突破了 5 万项。G06F 类相关专利在十年间始终稳居北京专利申请量第一位，并且每年以稳步上升的趋势增长，累计申请量近 30 万项，与其他类别相比遥遥领先。2014—2018 年北京城市建设加快，E21B 相关专利活跃。2014—2015 年前十名里不含 G06K 类相关专利，2014—2018 年前十名里不含 G06N 类相关专利，但随着近些年电子信息、人工智能、信创产业的快速发展，G06K 和 G06N 类相关专利的申请量在 2018 年之后有很大突破。（图 4-3，表 4-2，表 4-3）

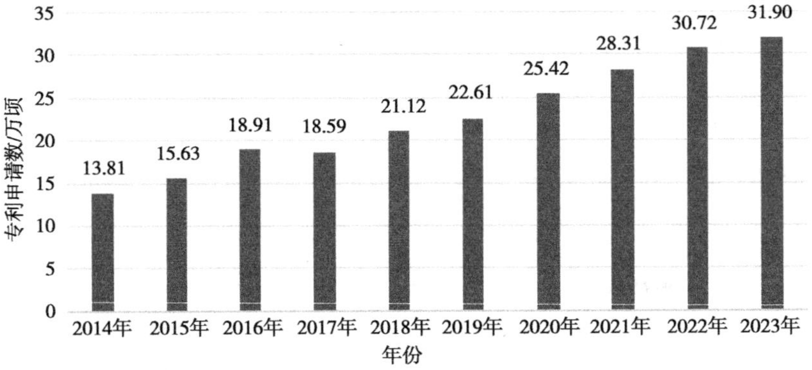

图 4-2　2014—2023 年北京市专利申请数

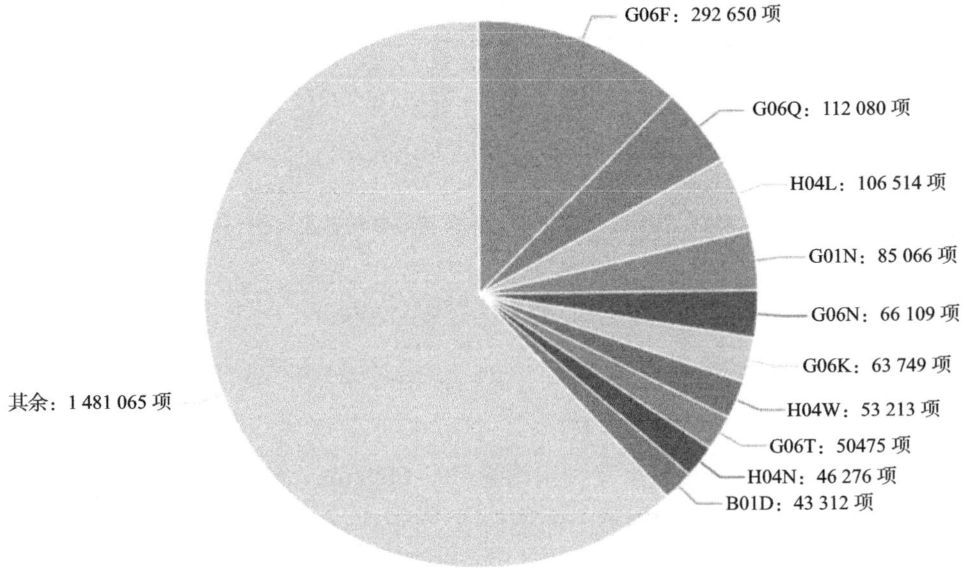

图 4-3　2014—2023 年北京市专利申请 IPC 分类情况（累计申请量）

表 4-2　2014—2023 年北京市专利累计申请量 IPC 分类前十位的情况

排序	IPC 分类号	专利数量/项	备注
1	G06F	292 650	G06F（电数字数据处理）
2	G06Q	112 080	G06Q（专门适用于行政、商业、金融、管理或监督目的的信息和通信技术；其他类目不包含的专门适用于行政、商业、金融、管理或监督目的的系统或方法）
3	H04L	106 514	H04L（数字信息的传输，例如电报通信）
4	G01N	85 066	G01N（借助于测定材料的化学或物理性质来测试或分析材料）
5	G06N	66 109	G06N（基于特定计算模型的计算机系统）
6	G06K	63 749	G06K（图形数据读取；数据表达；记录载体；处理记录载体）
7	H04W	53 213	H04W（无线通信网络）
8	G06T	50 475	G06T（一般的图像处理或产生）
9	H04N	46 276	H04N（图像通信，如电视）
10	B01D	43 312	B01D（分离技术、方法和装置）

表 4-3　2014—2023 年北京市各年专利申请量 IPC 分类前十位

排序	2014 年		2015 年		2016 年		2017 年		2018 年	
	IPC 分类号	专利数量/项	IPC 分类号	专利数量/项	IPC 分类号	专利数量/项	IPC 分类号	专利数量/项	IPC 分类号	专利数量/项
1	G06F	12 578	G06F	15 035	G06F	17 132	G06F	17 713	G06F	20 520
2	H04L	5 953	H04L	6 714	H04L	8 468	H04L	9 204	G06Q	10 079
3	G01N	4 832	G01N	5 562	G01N	6 308	G01N	7 509	H04L	9 236
4	G01R	4 081	G06Q	3 801	G06Q	5 479	G06Q	7 402	G01N	7 985
5	E21B	3 306	H04N	3 589	H04N	4 350	G06K	4 689	G06K	7 257
6	H04W	2 981	E21B	3 478	H04W	4 010	H04W	4 144	H04W	4 551
7	G06Q	2 772	H04W	3 464	E21B	3 324	B01D	3 652	H01L	4 120
8	H01L	2 629	G01R	3 376	C02F	3 267	E21B	3 637	H04N	4 068
9	H04N	2 515	C02F	2 733	G06K	3 181	H04N	3 568	E21B	4 055
10	H02J	2 435	H02J	2 554	B01D	3 045	C02F	3 474	B01D	3 834

续表

排序	2019年		2020年		2021年		2022年		2023年	
	IPC分类号	专利数量/项	IPC分类号	专利数量/项	IPC分类号	专利数量/项	IPC分类号	专利数量/项	IPC分类号	专利数量/项
1	G06F	26 572	G06F	35 353	G06F	44 755	G06F	50 202	G06F	52 790
2	G06Q	11 846	G06Q	14 658	G06Q	17 320	G06Q	19 269	G06Q	19 454
3	H04L	10 661	G06K	12 519	G06K	14 410	H04L	17 562	G06N	17 035
4	G06K	9 509	H04L	11 088	G06N	13 882	G06N	15 228	H04L	15 802
5	G01N	8 959	G01N	10 477	H04L	11 826	G06V	12 477	G06V	11 379
6	H04W	5 412	G06N	9 667	G01N	10 942	G01N	11 733	G01N	10 759
7	H04N	5 049	G06T	6 595	G06T	8 498	G06T	10 153	G06T	9 539
8	G06T	4 848	H04N	6 241	H04W	7 425	H04W	8 686	A61B	6 707
9	G06N	4 824	B01D	6 069	H04N	6 026	G06K	7 437	H04W	6 472
10	B01D	4 467	H04W	6 068	B01D	5 961	A61B	6 397	B01D	5 581

(三)北京市专利申请的主体情况

2014—2023年，北京市鼓励企业开展知识产权高端运用工作，支持企业加强知识产权保护，以价值实现为导向，知识产权转化应用成效显著，专利申请量排名前五的专利申请人中企业有4个，排名前二十的专利申请人中企业有15个，北京市企业专利申请量占北京市全部专利申请量的73.55%。2014—2023年，北京市的专利申请人类型按申请量由大到小排序，依次为企业、学校、科研单位、个人、机关团体以及其他。(表4-4)

表4-4 2014—2023年北京市各类专利申请人专利申请量 单位：项

申请人类型	2014年	2015年	2016年	2017年	2018年	2019年	2020年	2021年	2022年	2023年	合计
企业	95 764	110 811	128 362	138 903	157 374	173 771	203 122	219 882	237 803	208 625	1 674 417
学校	14 572	16 069	18 302	19 981	22 870	24 906	24 075	29 778	30 547	30 850	231 950
科研单位	11 180	11 245	12 946	14 502	16 655	18 187	21 152	23 183	24 756	24 435	178 241
个人	12 321	14 262	15 219	13 981	14 030	13 801	15 131	13 652	9 466	5 859	127 722
机关团体	1 588	2 293	2 690	3 486	4 258	5 442	8 291	9 592	10 716	12 902	61 258
其他	105	148	108	148	211	325	298	495	536	628	3 002

2014—2023年，北京市专利申请量排名前二十的申请人按申请量由大到小排序分别为：国家电网有限公司、中国石油化工股份有限公司、京东方科技集团股份有限公司、清华大学、中国石油天然气股份有限公司、北京小米移动软件有限公司、北京航空航天大学、北京理工大学、北京百度网讯科技有限公司、北京工业大学、联想（北京）有限公司、中国联合网络通信集团有限公司、中国工商银行股份有限公司、中国银行股份有限公司、北京京东世纪贸易有限公司、百度在线网络技术（北京）有限公司、中国电信股份有限公司、北京科技大学、中国建设银行股份有限公司、中国建筑第二工程局有限公司。（图4-4）

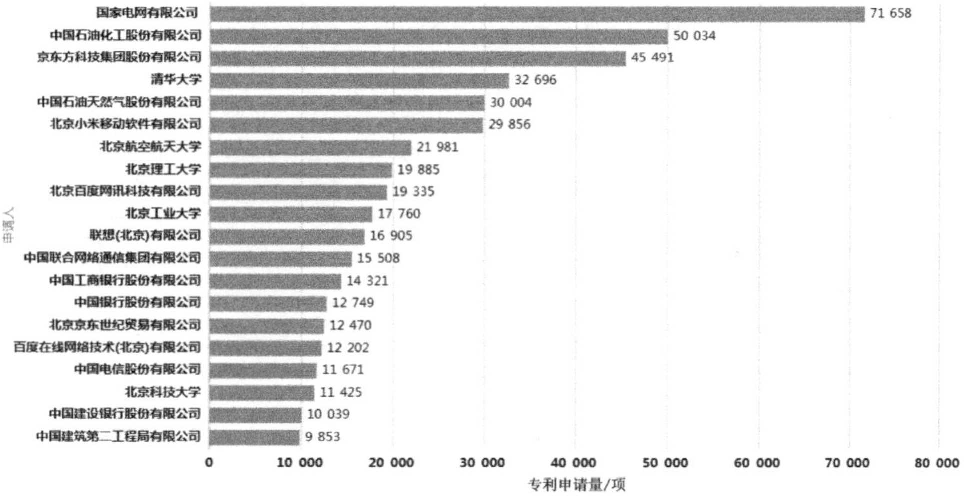

图4-4　2014—2023年北京市专利申请量排名前二十的专利申请人情况

二、天津市知识产权情况

（一）天津市专利基本情况

2014—2023年，天津市专利数总体呈上升趋势，2021年专利授权数达到顶峰。2014年专利授权数为2.64万项，2023年专利授权数为5.92万项，年均增长9.39%，十年间专利授权数共计56.16万项。发明专利数不断增加，2014

年为 1.47 万项，2023 年为 6.38 万项，年均增长 17.72%。每万人高价值发明专利拥有量为 18.9 项，高于全国平均水平。2014 年实用新型专利数为 5.86 万项，2023 年增长到 27.99 万项，年均增长 18.98%。2014 年有效专利数为 8.36 万项，2023 年增长到 36.65 万项，是 2014 年的 4.38 倍，年均增长 17.85%。（表 4-5，图 4-5）

表 4-5　2014—2023 年天津市专利统计数据

年份	专利授权数/万项	发明专利数/万项	实用新型专利数/万项	有效专利数/万项	发明专利在有效专利中的占比
2014 年	2.64	1.47	5.86	8.36	17.6%
2015 年	3.73	1.85	7.36	10.38	17.8%
2016 年	3.97	2.26	8.96	12.44	18.2%
2017 年	4.17	2.86	10.37	14.47	19.8%
2018 年	5.47	3.21	12.40	16.89	19.0%
2019 年	5.78	3.47	14.99	19.89	17.4%
2020 年	7.54	3.82	18.99	24.55	15.6%
2021 年	9.79	4.34	24.48	30.83	14.1%
2022 年	7.15	5.12	26.05	33.25	15.4%
2023 年	5.92	6.38	27.99	36.65	17.4%

注：专利授权、发明专利、实用新型专利、有效专利数据来自国家知识产权局年度报告。

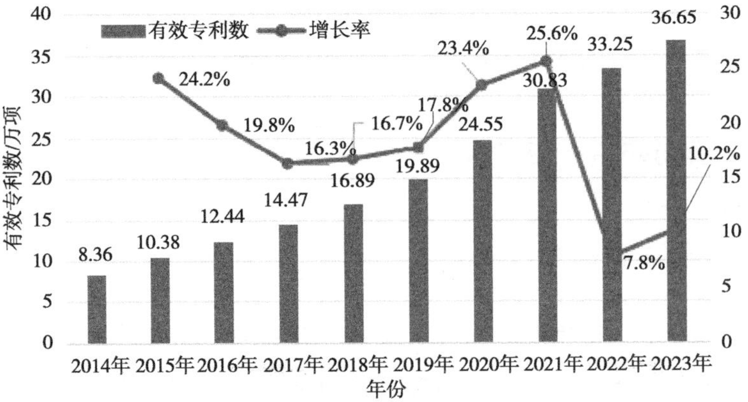

图 4-5　2014—2023 年天津市有效专利数及其增长率

（二）天津市专利申请领域情况

2014 年天津市专利申请量为 6.34 万项，2023 年专利申请量为 9.11 万项，年均增长 4.11%。（图 4-6）

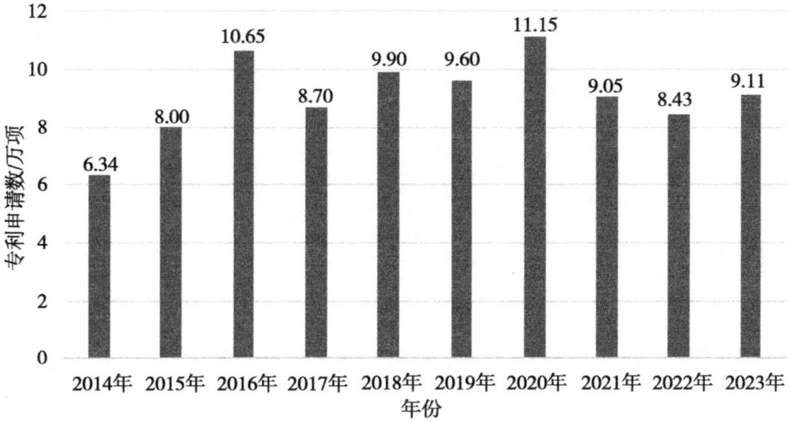

图 4-6　2014—2023 年天津市专利申请数

2014—2023 年，天津市专利申请量 IPC 分类[①]排名前十的类别中，B01D、G01N、G06F 居前三位，申请量都突破了 2 万项；C02F、B08B、B65D、B65G、B29C、B23Q 和 B23K 类，申请量均突破了 1 万项。2014—2015 年天津市 A61K 和 A61P 类专利申请量一直排在前十，尤其 2014 年分别位列第一、第三，这表明天津的制药行业在此期间发展较快；2017 年以后天津市 A61K 和 A61P 类专利逐渐减少，B01D 和 G01N 类专利申请量一直处在前列，天津市行业发展不断变化，制造业和新材料行业不断在科研方面突破创新。（图 4-7，表 4-6，表 4-7）

（三）天津市专利申请的主体情况

2014—2023 年，天津市企业在创新方面表现活跃，专利申请量达到 61.24 万项，占天津市全部专利申请量的 80.02%；学校的专利申请量也十分突出。专利申请量排名前二十的专利申请人中，学校有 12 个，企业有 8 个。2014—2023 年，天津市专利申请人类型按申请量由大到小排序依次为企业、学校、个人、科研单位、机关团体以及其他。（表 4-8）

① 2014—2023 年 IPC 分类数据和申请人类别数据来自 incoPat 数据库。

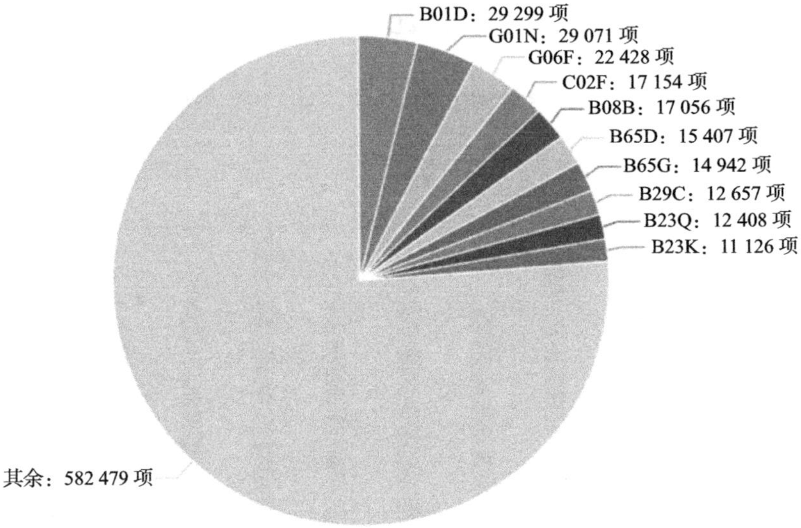

图 4-7　2014—2023 年天津市专利申请 IPC 分类情况（累计申请量）

表 4-6　2014—2023 年天津市专利累计申请量 IPC 分类前十位的情况

排序	IPC 分类号	专利数量/项	备注
1	B01D	29 299	B01D（分离技术、方法和装置）
2	G01N	29 071	G01N（借助于测定材料的化学或物理性质来测试或分析材料）
3	G06F	22 428	G06F（电数字数据处理）
4	C02F	17 154	C02F（水、废水、污水或污泥的处理）
5	B08B	17 056	B08B（一般清洁；一般污垢的防除）
6	B65D	15 407	B65D（用于物件或物料贮存或运输的容器，如袋、桶、瓶子、箱盒、罐头、纸板箱、板条箱、圆桶、罐、槽、料仓、运输容器；所用的附件、封口或配件；包装元件；包装件）
7	B65G	14 942	B65G（运输或贮存装置，例如装载或倾卸用输送机、车间输送机系统或气动管道输送机）
8	B29C	12 657	B29C（塑料的成型连接；塑性状态材料的成型，不包含在其他类目中的；已成型产品的后处理，例如修整）
9	B23Q	12 408	B23Q（机床的零件、部件或附件，如仿形装置或控制装置；以特殊零件或部件的结构为特征的通用机床；不针对某一特殊金属加工用途的金属加工机床的组合或联合）
10	B23K	11 126	B23K（钎焊或脱焊；焊接；用钎焊或焊接方法包覆或镀敷；局部加热切割，如火焰切割；用激光束加工）

表 4-7　2014—2023 年天津市各年专利申请 IPC 分类前十位

排序	2014 年		2015 年		2016 年		2017 年		2018 年	
	IPC 分类号	专利数量/项	IPC 分类号	专利数量/项	IPC 分类号	专利数量/项	IPC 分类号	专利数量/项	IPC 分类号	专利数量/项
1	A61K	1 253	G01N	1 748	G01N	2 295	G01N	2 706	G01N	3 071
2	G01N	1 146	B01D	1 623	B01D	2 132	B01D	2 558	B01D	2 964
3	A61P	1 134	G06F	1 395	C02F	1 633	C02F	1 836	C02F	1 920
4	B01D	1 007	C02F	1 304	G06F	1 582	G06F	1 447	B65D	1 818
5	G06F	1 000	A61K	1 169	B65D	1 414	B65D	1 416	G06F	1 662
6	B65D	882	B65G	1 150	B65G	1 293	B65G	1 312	B08B	1 561
7	C02F	836	A61P	1 082	B29C	1 143	B08B	1 229	B65G	1 518
8	B29C	834	B65D	1 078	A61K	1 000	B29C	1 108	B29C	1 366
9	B65G	727	B29C	940	B23Q	968	B01F	1 065	B01F	1 278
10	B21D	629	H04N	902	A01G	902	B23K	1 003	B23Q	1 222
排序	2019 年		2020 年		2021 年		2022 年		2023 年	
	IPC 分类号	专利数量/项	IPC 分类号	专利数量/项	IPC 分类号	专利数量/项	IPC 分类号	专利数量/项	IPC 分类号	专利数量/项
1	B01D	3 401	B01D	5 096	G01N	3 655	B01D	3 449	G06F	4 073
2	G01N	3 360	G01N	4 289	B01D	3 473	G01N	3 283	B01D	3 596
3	G06F	2 231	B08B	3 565	G06F	2 820	G06F	3 269	G01N	3 518
4	C02F	2 189	G06F	2 949	B08B	2 397	B08B	2 084	B08B	2 350
5	B08B	2 053	B65D	2 617	C02F	1 907	C02F	1 552	G06N	1 595
6	B65G	1 828	C02F	2 518	B65G	1 621	B65G	1 497	B65G	1 561
7	B65D	1 810	B23Q	2 460	B65D	1 598	B65D	1 362	C02F	1 459
8	B23Q	1 733	B65G	2 435	H05K	1 482	E02D	1 292	B65D	1 412
9	B29C	1 517	B29C	2 286	B23Q	1 343	G06N	1 276	F16M	1 319
10	B24B	1 362	B24B	2 017	B23K	1 240	B01F	1 212	G06Q	1 301

表 4-8　2014—2023 年天津市各类专利申请人专利申请量　　单位：项

申请人类型	2014 年	2015 年	2016 年	2017 年	2018 年	2019 年	2020 年	2021 年	2022 年	2023 年	合计
企业	36 174	51 111	59 183	59 053	63 785	69 436	90 498	63 887	57 507	61 749	612 383
学校	5 087	6 001	7 881	8 643	10 515	11 392	9 108	8 389	7 850	8 160	83 026
个人	5 087	3 531	3 427	4 519	4 607	4 374	5 479	5 360	3 788	2 597	42 769

续表

申请人类型	2014 年	2015 年	2016 年	2017 年	2018 年	2019 年	2020 年	2021 年	2022 年	2023 年	合计
科研单位	928	1 144	1 327	1 681	2 007	2 257	2 337	2 303	2 326	2 113	18 423
机关团体	448	449	555	525	790	820	967	1 223	1 103	1 511	8 391
其他	13	3	15	11	14	28	47	71	40	50	292

2014—2023 年，天津市专利申请量排名前二十的申请人按申请量由大到小排序分别为：天津大学、河北工业大学、天津科技大学、国网天津市电力公司、天津工业大学、南开大学、天津理工大学、中国建筑第六工程局有限公司、中交第一航务工程局有限公司、天津城建大学、天津商业大学、中国民航大学、中冶天工集团有限公司、中国石油集团渤海钻探工程有限公司、中国铁路设计集团有限公司、天津市职业大学、交通运输部天津水运工程科学研究院、天津农学院、天津中德应用技术大学、中铁十八局集团有限公司。（图 4-8）

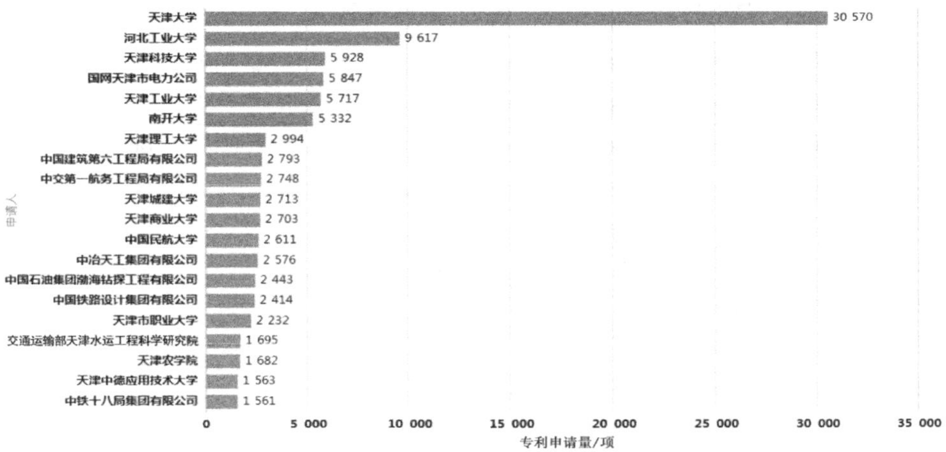

图 4-8　2014—2023 年天津市专利申请量排名前二十的专利申请人情况

三、河北省知识产权情况

（一）河北省专利基本情况

2014—2023 年，河北省专利数总体上呈上升趋势，十年间专利授权数共计 64.65 万项。2014 年专利授权数为 2.01 万项，2023 年专利授权数为 9.20 万项，年均增长 18.41%。发明专利数增速较快，2014 年为 0.91 万项，2023 年为 6.46 万项，年均增长 24.33%。河北省每万人高价值发明专利拥有量为 9.63 项，高于全国平均水平。2014 年实用新型专利数为 4.58 万项，2023 年增长到 34.72 万项，年均增长 25.24%。2014 年河北省有效专利数为 6.65 万项，2023 年增长到 48.74 万项，是 2014 年的 7.33 倍，年均增长 24.77%。（表 4-9，图 4-9）

表 4-9　2014—2023 年河北省专利数统计数据

年份	专利授权数/万项	发明专利数/万项	实用新型专利数/万项	有效专利数/万项	发明专利在有效专利中的占比
2014 年	2.01	0.91	4.58	6.65	13.7%
2015 年	3.01	1.23	5.77	8.64	14.2%
2016 年	3.18	1.58	6.88	10.55	15.0%
2017 年	3.53	2.15	8.07	12.83	16.8%
2018 年	5.19	2.49	10.37	16.00	15.6%
2019 年	5.78	2.89	12.93	19.54	14.8%
2020 年	9.22	3.41	18.33	26.60	12.8%
2021 年	12.00	4.17	25.56	35.59	11.7%
2022 年	11.53	5.20	30.78	42.41	12.3%
2023 年	9.20	6.46	34.72	48.74	13.3%

注：专利授权、发明专利、实用新型专利、有效专利等数据来自国家知识产权局年度报告。

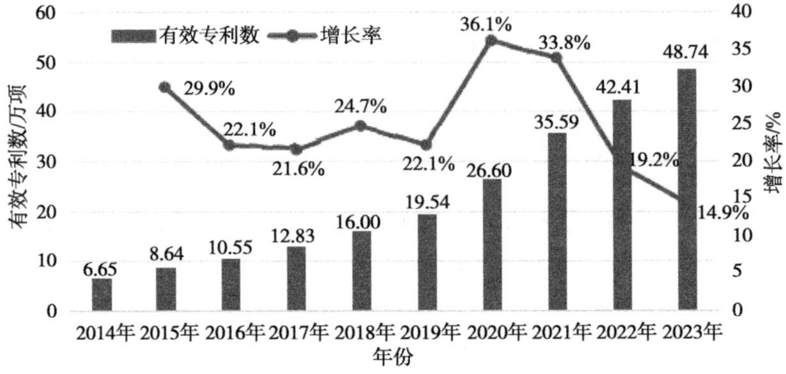

图 4-9　2014—2023 年河北省有效专利数及增长率

（二）河北省专利申请领域情况

2014 年河北省专利申请量为 3.00 万项，2023 年专利申请量为 14.99 万项，年均增长 19.57%。（图 4-10）

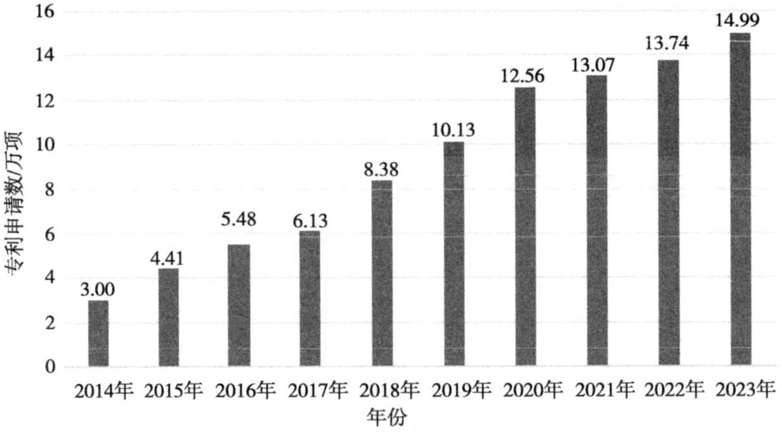

图 4-10　2014—2023 年河北省专利申请数

2014—2023 年，河北省专利申请量 IPC 分类[①] 排名前十的类别中，B01D 类位居第一，申请量超过 3 万项，G01N 类的申请量超过 2 万项，B08B、B65G、G06F、C02F、A01G、B01F、E04B 以及 B65D 类的申请量均超过 1 万项。2014—2023 年河北省 B01D 和 G01N 类专利申请量始终位列第一、第二，

① 2014—2023 年 IPC 分类数据和申请人类别数据来自 incoPat 数据库。

2014—2016 年 A61K 和 A61P 类专利申请量较多，同天津市的发展情况相似，2017 年之后制药行业专利慢慢减少。与京津不同，河北省的农业发展较好，表现在 A01G 类专利累计超过 1 万项。（图 4-11，表 4-10，表 4-11）

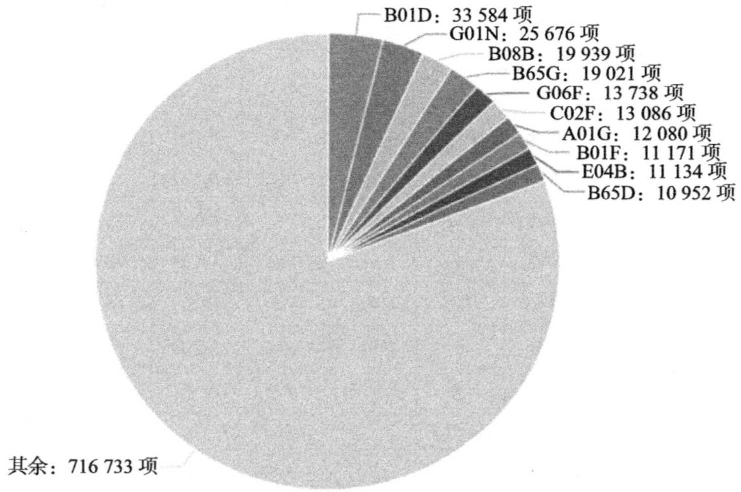

图 4-11　2014—2023 年河北省专利申请 IPC 分类情况（累计申请量）

表 4-10　2014—2023 年河北省专利累计申请量 IPC 分类前十位的情况

排序	IPC 分类号	专利数量/项	备注
1	B01D	33 584	B01D（分离技术、方法和装置）
2	G01N	25 676	G01N（借助于测定材料的化学或物理性质来测试或分析材料）
3	B08B	19 939	B08B（一般清洁；一般污垢的防除）
4	B65G	19 021	B65G（运输或贮存装置，例如装载或倾卸用输送机、车间输送机系统或气动管道输送机）
5	G06F	13 738	G06F（电数字数据处理）
6	C02F	13 086	C02F（水、废水、污水或污泥的处理）
7	A01G	12 080	A01G（园艺；蔬菜、花卉、稻、果树、葡萄、啤酒花或海菜的栽培；林业；浇水）
8	B01F	11 171	B01F（混合，例如，溶解、乳化或分散）
9	E04B	11 134	E04B（建筑物）
10	B65D	10 952	B65D（用于物件或物料贮存或运输的容器，如袋、桶、瓶子、箱盒、罐头、纸板箱、板条箱、圆桶、罐、槽、料仓、运输容器；所用的附件、封口或配件；包装元件；包装件）

表 4-11　2014—2023 年河北省各年专利申请 IPC 分类前十位

排序	2014 年		2015 年		2016 年		2017 年		2018 年	
	IPC 分类号	专利数量/项	IPC 分类号	专利数量/项	IPC 分类号	专利数量/项	IPC 分类号	专利数量/项	IPC 分类号	专利数量/项
1	B01D	604	G01N	948	G01N	1 158	B01D	1 798	B01D	2 366
2	G01N	567	B01D	935	B01D	1 130	G01N	1 476	G01N	2 087
3	B65G	509	A61K	746	G01R	815	C02F	1 088	B65G	1 552
4	A61K	437	A61P	696	C02F	799	B65G	956	C02F	1 305
5	A61P	418	B65G	657	A61K	782	A01G	929	A01G	1 170
6	E21B	373	C02F	552	B65G	750	G06F	866	B08B	1 164
7	A61B	339	G01R	539	A61P	720	E04B	749	G06F	988
8	G01R	335	A61B	526	G06F	625	B08B	693	B29C	921
9	F16L	331	G06F	461	H02J	608	B65D	682	B65D	877
10	B29C	306	E21B	440	E04B	569	A61K	674	E04B	862
排序	2019 年		2020 年		2021 年		2022 年		2023 年	
	IPC 分类号	专利数量/项	IPC 分类号	专利数量/项	IPC 分类号	专利数量/项	IPC 分类号	专利数量/项	IPC 分类号	专利数量/项
1	B01D	3 662	B01D	6 387	B01D	5 460	B01D	5 256	B01D	5 986
2	G01N	2 856	G01N	4 229	G01N	4 008	G01N	3 967	G01N	4 380
3	B65G	2 202	B08B	3 689	B08B	3 737	B08B	3 549	B08B	4 359
4	B08B	1 986	B65G	3 218	B65G	2 925	B65G	2 962	B65G	3 290
5	C02F	1 635	C02F	2 261	G06F	2 164	G06F	2 347	G06F	3 169
6	A01G	1 507	A01G	2 141	C02F	1 925	B01F	1 888	B01F	2 134
7	B29C	1 410	B01F	2 119	B01F	1 849	E04B	1 754	B02C	1 910
8	B65D	1 332	B02C	1 971	E04B	1 832	B23K	1 667	B65D	1 870
9	B23Q	1 316	B29C	1 881	E04G	1 831	F16L	1 660	B23K	1 812
10	B01F	1 312	E04G	1 875	B02C	1 764	A01G	1 656	B29C	1 807

（三）河北省专利申请的主体情况

2014—2023 年，河北省企业的专利申请量占河北省各主体专利申请总量的 65.50%，个人专利申请量占 23.49%。专利申请量排在前二十的专利申请人中，企业有 11 个，高校有 9 个。按申请量由大到小排序，依次为企业、个人、

学校、机关团体、科研单位以及其他。（表 4-12）

表 4-12　2014—2023 年各年河北省专利申请人情况　　　　单位：项

申请人类型	2014 年	2015 年	2016 年	2017 年	2018 年	2019 年	2020 年	2021 年	2022 年	2023 年	合计
企业	16 148	24 436	29 178	37 403	50 910	67 341	87 283	84 221	84 693	98 681	580 294
个人	9 548	13 402	16 484	19 285	19 713	25 076	33 373	29 406	23 319	18 484	208 090
学校	3 563	4 885	6 251	6 803	8 325	9 274	8 320	8 969	7 809	7 866	72 065
机关团体	189	361	428	639	726	1 122	1 879	2 137	1 946	3 459	12 886
科研单位	405	386	586	897	1 221	1 277	1 617	1 502	1 571	2 147	11 609
其他	14	33	38	30	34	51	81	227	203	342	1 053

2014—2023 年，河北省专利申请量排名前二十的申请人按申请量由大到小排序分别为：长城汽车股份有限公司、燕山大学、中信戴卡股份有限公司、河北工业大学、华北电力大学（保定）、中国电子科技集团公司第五十四研究所、华北理工大学、河北科技大学、河北农业大学、首钢京唐钢铁联合有限责任公司、中国二十二冶集团有限公司、石家庄铁道大学、河北工程大学、云谷（固安）科技有限公司、中车唐山机车车辆有限公司、新兴铸管股份有限公司、邢台职业技术学院、唐山钢铁集团有限责任公司、河钢股份有限公司承德分公司、国网河北省电力有限公司。（图 4-12）

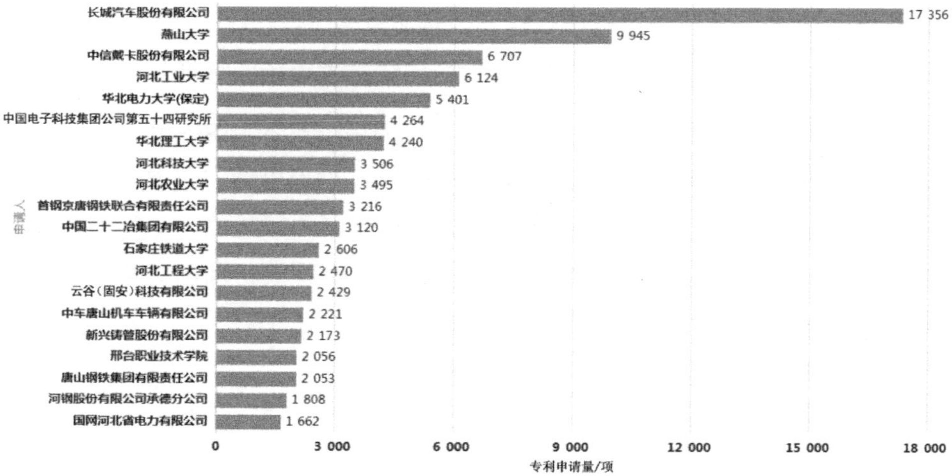

图 4-12　2014—2023 年河北省专利申请量排名前二十的专利申请人情况

第二节　京津冀技术市场发展情况

技术市场是重要的生产要素市场，是我国现代市场体系和国家创新体系的重要组成，是各类技术交易场所、服务机构和技术商品生产、交换、流通关系的总和。1984 年国务院常务会议作出“加速技术成果商品化，开放技术市场”的决议，提出以技术市场为突破口进行科技体制改革，技术市场与人才市场、土地市场、资本市场共同构成我国社会主义生产要素市场。1985 年《中共中央关于科学技术体制改革的决定》中明确提出，“促进技术成果的商品化，开拓技术市场，以适应社会主义商品经济的发展”。党的十八届三中全会在《中共中央关于全面深化改革若干重大问题的决定》中指出，发展技术市场，健全技术转移机制，促进科技成果资本化、产业化。四十年来，我国技术市场走过制度设计、政策演进、模式创新的发展历程，经过不断完善和优化，目前已初步形成由法律、部门规章和地方性法规构成的技术市场制度体系。

《中华人民共和国科学技术进步法》提出，国家培育和发展统一开放、互联互通、竞争有序的技术市场。2021 年 1 月中共中央办公厅、国务院办公厅印发《建设高标准市场体系行动方案》，进一步提出完善国家技术转移体系，培育发展国家技术转移机构，建立国家技术转移人才培养体系，提高技术转移人员的技术评价与筛选、知识产权运营、商业化咨询等专业服务能力。2022 年 3 月，《中共中央 国务院关于加快建设全国统一大市场的意见》指出，打造统一的要素和资源市场，建立健全包括技术市场在内的统一的土地和劳动力市场、资本市场、技术和数据市场、能源市场和生态环境市场。如今，技术市场在促进科技成果转化、加快科技服务业发展中扮演着重要角色，是培育和发展新质生产力、推动经济高质量发展的重要引擎，是京津冀协同创新发展的重要力量。

一、北京技术市场情况

（一）北京技术市场简介

北京技术市场发展形成了由市级部门、区级科技部门、34 家技术合同登记机构构成的三级管理服务体系。北京市出台了《北京市技术市场条例》《北京市技术合同认定登记管理办法》等制度规范技术市场相关工作。

（二）2014—2023 年北京技术市场总体情况

2014—2023 年，北京市技术合同成交额达 55 474.1 亿元，年均增长 11.8%。北京市技术合同成交额逐年递增，2023 年北京市技术合同认定登记实现“双突破”：技术合同突破 10 万项，达 106 552 项；成交额突破 8 000 亿元大关，达 8 536.9 亿元，占全国总量的 13.9%。技术合同成交额占 GDP 的比重位列全国第一。（图 4-13）

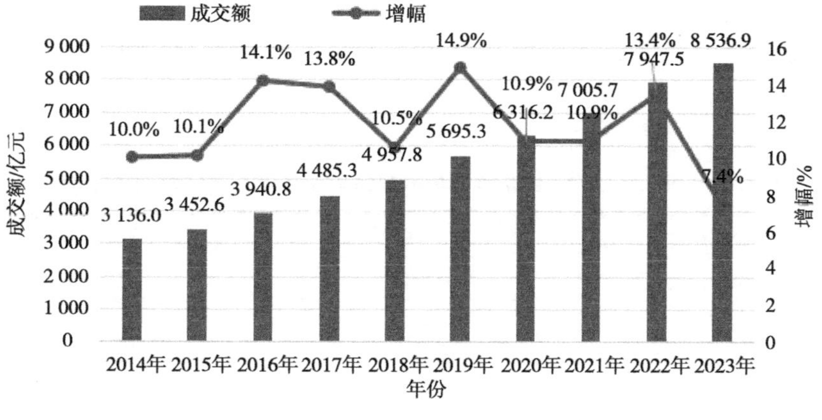

图 4-13 2014—2023 年北京市技术合同成交额和增幅

从技术领域来看，2014—2023 年北京市技术合同主要集中在电子信息、城市建设与社会发展和现代交通领域，从成交额来看，三者居前三位，都突破了 10 000 亿元，合同成交额共计 37 106.5 亿元，占技术合同成交总额的

66.9%。(表 4-13)

表 4-13　2014—2023 年北京市各技术领域技术合同项数和成交额

技术领域	合同项数/项	合同成交额/亿元
电子信息	447 242	14 242.9
城市建设与社会发展	98 132	12 495.3
现代交通	35 687	10 368.3
环境保护与资源综合利用	40 419	6 089.1
新能源与高效节能	57 835	5 061.5
生物、医药和医疗器械	51 551	2 083.5
航空航天	45 103	2 044.9
核应用	1 550	1 289.3
先进制造	23 041	872.2
新材料及其应用	17 796	686.8
农业	22 708	240.3

从创新主体来看，2014—2023 年北京市企业的技术合同成交额为 52 167.8 亿元，占技术合同成交总额的 94.0%，高校、科研机构、医疗卫生机构等事业单位的技术合同成交额为 2 792.6 亿元，占技术合同成交总额的 5.0%。(表 4-14)

表 4-14　2014—2023 年北京市各类创新主体技术合同项数和成交额

单位类别	合同项数/项	合同成交总额/亿元
企业法人	672 369	52 167.8
事业法人	166 074	2 792.6
其他组织	2 101	503.5
自然人	289	7.9
社团法人	188	1.5
机关法人	43	0.8

从区域创新来看，2014—2023 年北京市输出到津冀的技术合同的成交额达 2 866.2 亿元，其中输出到天津市的技术合同成交额为 783.8 亿元，输出到

河北省的技术合同成交额为 2 082.4 亿元。2023 年北京输出到京津冀三地的技术合同成交总额达到 3 081.9 亿元，是 2014 年（800.4 亿元）的 3.9 倍。北京流向津冀的技术合同项数由 2014 年的 3 475 项增长至 2023 年的 6 758 项，年均增长 7.7%；成交额由 2014 年的 83.2 亿元增长至 2023 年的 748.7 亿元，年均增长 27.7%（图 4-14）。北京市充分发挥科技创新中心的作用，辐射能力不断增强，流向京津冀的技术合同成交额占全市的比重从 2014 的 25.5% 提升至 2023 年的 36.1%。数据显示，截至 2023 年底，中关村企业在天津、河北设立的分支机构的数量累计已突破 1 万家，总投资额超过 2 800 亿元。

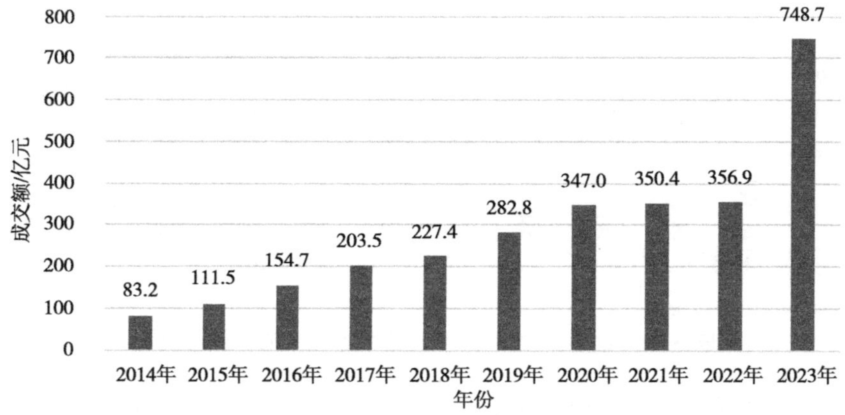

图 4-14　2014—2023 年北京输出到津冀的技术合同成交额

二、天津市技术市场情况

（一）天津市技术市场简介

天津市技术市场工作在天津市科学技术局科技成果与技术市场处的领导下开展，天津市共有 23 个技术合同认定登记机构，分别是 16 个行政区和 5 个功能区的科技管理部门，及在海河教育园设立的服务天津市高校的技术合同认定机构和滨海新区设立的全市涉外技术合同受理登记机构。

(二)2014—2023年天津市技术市场总体情况

2014—2023年，天津市技术合同成交额达9 934.7亿元，年均增长18.7%。天津市技术合同成交额逐年递增，2020年突破1 000亿元，2023年近2 000亿元，技术合同成交额占GDP的比重为11.69%。(图4-15)

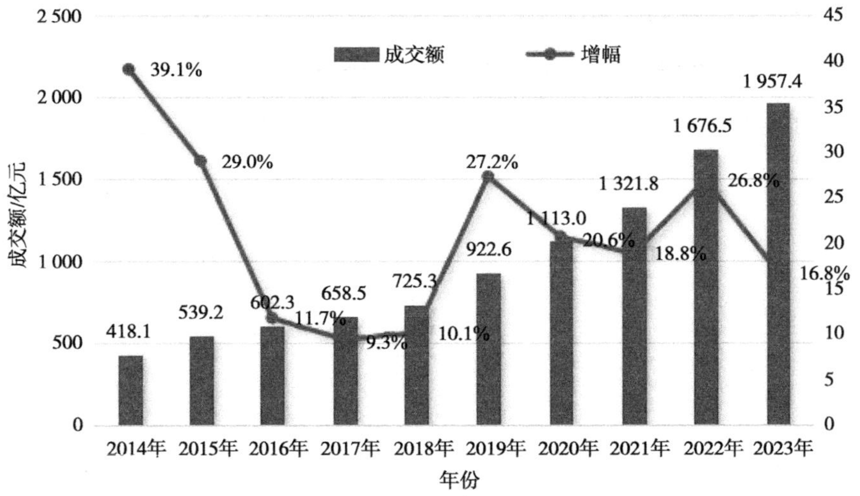

图4-15 2014—2023年天津市技术合同成交额和增幅

从技术领域来看，2014—2023年天津市城市建设与社会发展、现代交通、先进制造领域的技术合同成交额居前三位，合同成交额共计5 957.0亿元，占技术合同成交总额的60.0%。(表4-15)

表4-15 2014—2023年天津市各技术领域技术合同项数和成交额

技术领域	合同项数/项	合同成交额/亿元
城市建设与社会发展	27 543	2 503.8
现代交通	7 511	1 786.7
先进制造	19 633	1 666.5
新能源与高效节能	8 661	1 626.4
电子信息	27 325	776.3
新材料及其应用	6 446	529.7
生物、医药和医疗器械	12 264	458.8

续表

技术领域	合同项数/项	合同成交额/亿元
环境保护与资源综合利用	9 889	437.0
航空航天	3 176	85.2
农业	5 262	60.1
核应用	834	4.2

从创新主体来看，2014—2023 年天津市企业输出的技术合同成交额为 9 217.8 亿元，占技术合同成交总额的 92.8%，高校、科研机构、医疗卫生机构等事业单位的技术合同成交额为 688.8 亿元，占技术合同成交总额的 6.9%。（表 4-16）

表 4-16　2014—2023 年天津市各类创新主体技术合同项数和成交额

单位类别	合同项数/项	合同成交额/亿元
企业法人	61 887	9 217.8
事业法人	65 418	688.8
机关法人	312	14.3
其他组织	72	9.6
社团法人	766	2.8
自然人	89	1.4

从区域创新来看，2014—2023 年天津市输出到京冀的技术合同成交额为 1 443.5 亿元，其中输出到北京市的技术合同成交额为 919.2 亿元，输出到河北省的技术合同成交额为 524.3 亿元。2023 年天津输出到京津冀三地的技术合同成交总额达 825.9 亿元，是 2014 年（346.0 亿元）的 2.39 倍。天津市流向京冀的技术合同成交额由 2014 年的 86.8 亿元增长至 2023 年的 329.3 亿元，年均增长 16.0%，吸纳京冀的技术合同成交额由 2014 年的 20.7 亿元增长至 2023 年的 171.2 亿元，年均增长 26.5%，天津在区域内的技术产出能力和产业带动能力越发突出，京津冀联动越来越活跃。（图 4-16）

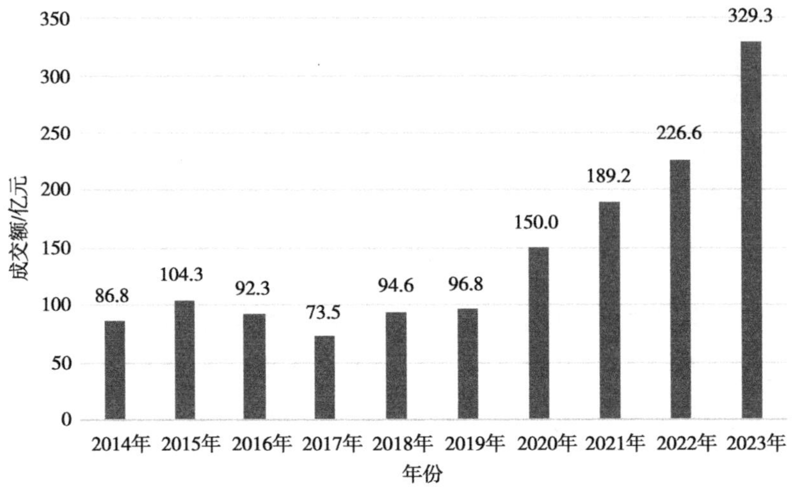

图 4-16　2014—2023 年天津市输出到京冀的技术合同成交额

三、河北省技术市场情况

(一)河北省技术市场简介

河北省技术市场的发展形成了由省级管理部门、1 个省级技术合同登记机构管理部门、遍布全省各县(市、区)的 90 家技术合同认定登记机构构成的省—市—县(市、区)三级管理服务体系，建立了省级管理员单位和各市级管理员单位负责牵头，省、市、县(市、区)技术合同登记机构协调沟通的机制，定期交流经验，答疑解惑。河北省公开首次技术合同登记前网上注册及技术合同登记网上申请的方法，列明所需的登记资料，让服务对象少跑路，形成“最多跑一次”的工作模式。

(二)2014—2023 年河北省技术市场总体情况

2014—2023 年，河北省技术合同成交额达 4 995.1 亿元，年均增长 57.6%。2023 年河北省技术合同数量达 22 613 项，同比增长 48.3%，技术合同成交额达 1 789.9 亿元，同比增长 77.3%，技术合同成交额占 GDP 的比重为 4.07%。(图 4-17)

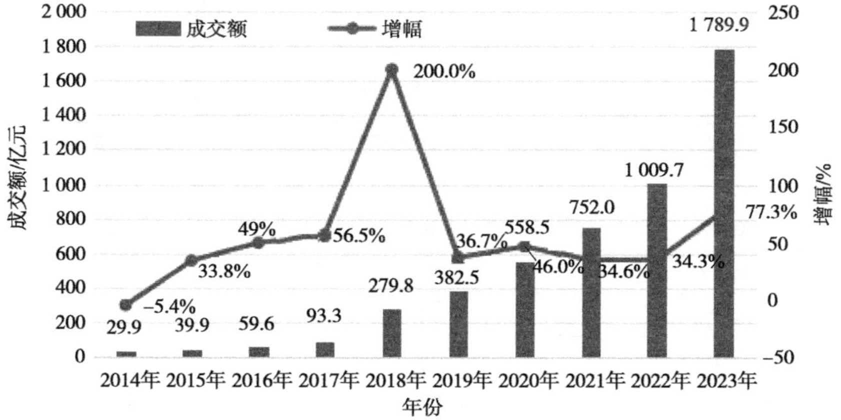

图 4-17　2014—2023 年河北省技术合同成交额和增幅

从技术领域来看，2014—2023 年河北省先进制造、新能源与高效节能和城市建设与社会发展领域的技术合同成交额居前三位，其中先进制造领域技术合同成交额突破了 1 000 亿元，这三个领域的合同成交额共计 3 034.8 亿，占技术合同成交总额的 60.8%。（表 4-17）

表 4-17　2014—2023 年河北省各技术领域技术合同项数和成交额

技术领域	合同项数/项	合同成交额/亿元
先进制造	23 051	1 272.4
新能源与高效节能	8 430	921.9
城市建设与社会发展	9 991	840.5
新材料及其应用	4 835	499.0
现代交通	1 727	441.8
电子信息	18 670	288.0
环境保护与资源综合利用	8 767	274.2
生物、医药和医疗器械	4 252	244.1
农业	5 010	187.3
核应用	19	13.3
航空航天	666	12.6

从创新主体来看，2014—2023 年河北省企业技术合同成交额为 4 604.5 亿元，占技术合同成交总额的 92.2%，高校、科研机构、医疗卫生机构等事业单

位的技术合同成交额为 101.2 亿元，占技术合同成交总额的 2.0%。(表 4-18)

表 4-18 2014—2023 年河北省各类主体技术合同项数和成交额

单位性质	合同项数/项	合同成交额/亿元
企业法人	70 259	4 604.4
机关法人	104	254.5
事业法人	14 113	101.2
自然人	719	31.9
其他组织	162	1.7
社团法人	61	1.4

从区域创新来看，2014—2023 年河北省输出到京津的技术合同成交额为 611.9 亿元，其中输出到北京市的技术合同成交额为 536.8 亿元，输出到天津市的技术合同成交额为 75.1 亿元。2023 年河北省输出到京津冀三地的技术合同成交总额达 997.9 亿元，是 2014 年（24.4 亿元）的 40.9 倍。河北省流向京津的技术合同成交额由 2014 年的 3.2 亿元增长至 2023 年的 208.9 亿元，年均增长 59.1%（图 4-18）。河北省吸纳京津的技术合同成交额由 2014 年的 67.9 亿元增长至 2023 年的 810.1 亿元，年均增长 31.7%。河北省的技术市场发展迅速，输出和吸纳的京津的技术合同成交额实现了跨越式、爆发式增长。

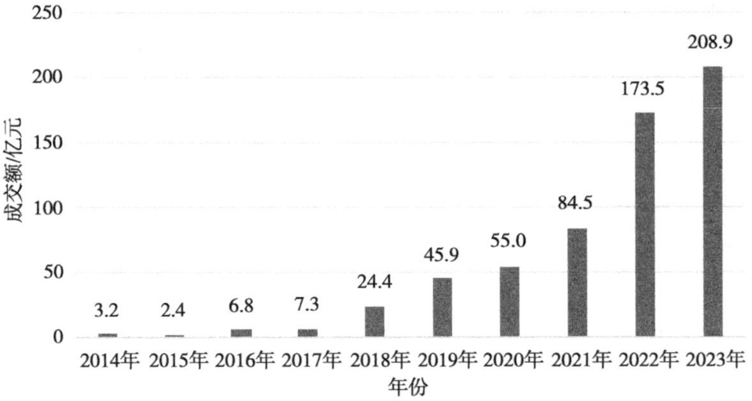

图 4-18 2014—2023 年河北省输出到京津的技术合同成交额

从数据来看区域产业发展，北京以创新驱动和高精尖产业为主导，天津以技术和规模提升为核心，而河北则在快速追赶，努力实现产业升级。这种产业发展的差异反映了各地的资源禀赋和政策导向。区域产业发展应进一步按照“政府引导、市场主导、合作共建”原则，搭建京津冀市场化合作平台，健全常态化对接机制，保障生产要素、产业资源的市场化流动，激活区域内需，从而实现有效供给。

在科技创新方面，企业是科技成果转化的主力军，不论是在知识产权方面还是在技术市场方面都占据着最重要的地位。京津冀三地需进一步鼓励企业开展知识产权高端运用工作，支持企业加强知识产权保护，以便企业在市场中形成核心竞争优势，并持续推动技术创新和产业发展；不断完善“企业出题、政府立题、协同破题”的技术创新组织模式，支持企业成为技术创新决策、研发投入、科研组织和成果转化的主体。

第五章　京津冀科技成果转化创新实践

2014年以来，京津冀不断完善科技成果转化政策环境，推进科技成果转化机制体制改革，支撑科技成果转化人才队伍建设，搭建科技成果转化服务体系，促进区域科技创新发展，积极推动科技成果落地转化及产业化。

一是探索高校科技成果转化路径，推进高校技术转移机构的建设，通过设立专门的技术转移部门、资产公司、大学科技园，整合全链条业务，并在政策、人才、资金方面为技术转移机构提供支撑保障；积极引入社会资本，搭建产学研合作平台，充分发挥市场机制作用，为科技成果转化提供多元化的资金支持，降低转化过程中的市场风险；加强与企业的对接与合作，发挥学校的优势科研力量，与企业共同开展科技攻关，以提高科技成果转化效率。

二是积极发展成果转化服务支撑体系，不断完善科技成果转移转化全链条服务流程；大力发展市场化技术转移机构，建设各地区的技术交易市场平台，推进科技成果进场交易，支持职务科技成果通过许可方式授权中小微企业使用，技术要素市场体系和运行制度基本建立，市场在科技创新资源配置中发挥重要作用。

三是推进科技成果转化政策落地，深入推进职务科技成果赋权改革试点工作，不断探索赋权科技成果转化的管理制度、工作流程、决策机制和转化模式等；完善职务科技成果权益分配机制和激励奖励制度，加大对高技能人才的激励力度；从项目、资金、场地等方面加大对概念验证平台、中试基地建设的政策支持力度，布局覆盖重点产业链的公共研发支持体系。

四是形成区域创新发展模式，各地区利用产业优势和地区优势，建立高新技术产业开发区、自主创新示范区、成果转移转化示范区等，通过先行先试的政策措施和战略规划，优化产业结构布局，加强空间整合集聚，提升组团发展质量，营造优质创新创业生态，形成区域科技成果转化特区。

五是壮大技术转移队伍，不断探索建立技术转移人才培养体系，制定灵活的技术转移人才培养路径。有条件的高校设置技术转移专业学科，培养具备知识产权运营、法律财务、企业管理和商业谈判等方面知识的复合型、高素质的专业技术转移人才；各单位不断建立健全技术转移人员职务晋升、职称评审、绩效考核和人才评定的考核评价机制。

本章从京津冀的高校科技成果转化、市场化技术转移机构、政策落地实施、区域科技创新模式以及人才队伍培养方面选取典型案例15个，展现京津冀科技成果转化的创新实践。

第一节 高校科技成果转化案例

一、北京理工大学：学科性公司与创新机制助力科技成果转化

【摘要】北京理工大学（简称“北理工”）技术转移中心率先在国内高校建立了“事业化管理+市场化运营”的新型技术转移机构运行机制，通过成立全资子公司，弥补了传统事业机制的不足，为高校技术转移机构提供了创新性发展路径。同时，中心积极探索学科性公司科技成果转化模式，表现为“学科技术入股+股权奖励+教师现金入股”，形成了创新驱动和利益共享的新型机制。此外，中心推出的“先赋权后行权”机制，进一步降低了科技成果转化门槛，提高了转化效率，为我国高校科技成果转化提供了有益借鉴。

北理工技术转移中心是其科技成果转化的重要支撑，发展为“国家技术转移示范机构”“北京市科技成果转化统筹协调与服务平台共建机构”“中关村国家自主创新示范区高校技术转移办公室”等，开展的相关活动被中央电视台、人民日报等权威媒体报道逾百次。该中心在国内高校中率先建立了具有北理工特色的“事业化管理+市场化运营”的新型技术转移机构运行机制，显著提升了运作效率和成果效益。2016年，学校成立了全资的北京理工技术转移有限公司，补齐了传统事业机制在人员聘用、考核、激励及分支机构建设等方面的短板，为高校建设专业化新兴技术转移机构提供了创新性发展模式。该中心致力于打造服务型、创新型、研究型、专业化的国家技术转移机构，现有专职技术经理人30余人，并设有综合管理部、知识产权部、企业孵化部、研究发展

部等多个部门。此外，该中心还负责“北理工专利中心”的运营和校内外技术合同认定登记工作，并在湖南长沙等地建立了技术转移分支机构，拓展了技术转移体系区域布局。

北理工技术转移中心致力于构建全流程贯通、全要素集聚的有组织的科技成果转化生态，通过完善科技成果转化管理制度，创新转化机制，规范孵化路径，组建专业化技术经理人团队，积极开展概念验证、中试熟化和企业孵化。通过项目路演、合伙人机制、技术对接会、成果交易会等方式，该中心与政府、企业、资本等多方力量建立了紧密的合作关系，共同推进高校科技成果转化落地。此外，该中心还编制了《科技成果转化实用手册》，为科研人员提供详细的政策、管理规定和业务流程解答，及成功案例分享，以帮助科研人员更好地理解和参与科技成果转化过程。

北理工技术转移中心积极探索学科性公司科技成果转化模式，其特征是“学科技术入股 + 股权奖励 + 教师现金入股”，本质上是科技成果作价投资的一种特殊方式。学科性公司依托高校科研成果，结合市场化运作，形成了创新驱动和利益共享的新型机制。这一模式通过整合校内科研资源和市场资本，实现科技成果的快速转化；此外，还通过技术入股、股权激励等手段，确保科研团队在共享成果转化带来的经济利益的同时共担风险，从而激发科研人员的积极性和创造力，为科技创新持续注入动力。

北京理工雷科电子信息技术有限公司（简称“理工雷科”）由北理工和毛二可院士创新团队共同出资设立，是北理工创办的首家学科性公司，也是中关村国家自主创新示范区第一个实施科技成果入股股权激励的公司。北理工在批准该学科性公司成立时，明确要求技术和管理团队成员需以个人现金入股，尤其是获得股权激励的技术人员，其现金入股金额原则上不低于所获股权奖励的数额。

毛二可院士曾表示，他所在的北理工雷达所（即北理工雷达技术研究所，2024 年更名为北理工雷达技术研究院），每年产出众多科研成果，但在评审和发表论文之后，很多成果便被锁进柜子里。为了促进科技成果转化落地，2009 年 12 月，在毛二可院士的带领下，北理工雷达所部分教师依托学校的支持成立了理工雷科。2011 年，借助中关村股权激励政策，经工业和信息化部批准，北理工将作价600万元的发明专利投资于理工雷科，其中180万元作为股权激励授予毛二可、龙腾、刘峰等6位核心科技人员，占技术股的30%，此举不仅实现了技术团队与公司发展的深度绑定，也使得公司注册资本增至2 000万元。其中，学校持有30%股权，以毛二可为首的技术和管理团队又投入现金800余万元，合计持股51%，其他战略投资者持股19%，形成了“利益共享、风险共担”的新机制。理工雷科的成立，释放了原本锁在柜子里的科研成果，推动北理工与理工雷科形成了紧密的创新联合体，其核心产品搭载于20多颗卫星，理工雷科还积极探索无人驾驶等新兴领域，加速我国智能传感器应用的更新迭代，取得了显著的社会经济效益。

此外，北理工技术转移中心在转化方式上持续创新，推出了“先赋权后行权”等特色做法，支持优秀科研团队创办学科性公司，进一步降低科技成果转化的门槛，提高转化效率。“先赋权后行权”机制允许教师先行创办企业，并授权该企业对职务科技成果进行转化，待企业成长到一定规模后，学校再按事先约定比例入股，实现“保留所有权，赋予使用权，股权变期权”。这种模式既规范了教师创业，又大大提高了企业组建和运行的效率，同时也最大限度保障了学校收益。

这一机制在北理工宇航学院张凯教授的凝胶冰雪团队得到应用，成功孵化了北京凝基新材料科技有限公司。北理工技术转移中心还安排专门团队为其提供全方位支持，协助其开展融资和市场推广等工作。北理工唐山研究院为其提供中试基地，帮助该企业完成产品放大试验，为大批量生产奠定基础；房山区出台的支持政策和良乡大学城的新材料产业发展规划为该企业的落地和发展提供了有力支持；依托北理工在凝胶材料基础研究方面的深厚积累，该企业构建出一条从基础研究到商业化推广的完整创新链。在这一创新链中，销售团队与研发机构之间还建立了有效的反馈机制，进一步优化了产品性能和市场适应性。除中试基地外，该企业认为科技成果转化也迫切需要应用场景。为此，该企业在北理工唐山研究院打造冰壶馆；在房山建立北京最大的户外人工冰场，公司内部还设有冰雪咖啡厅，供周边居民和学生参观体验。在这一创新机制的助推下，张凯教授快速实现了成果转化，公司成立不到一年就完成了千万级融资，在新材料的发展赛道中展现出强劲的发展势头。

【案例启示】北理工技术转移中心的案例启示我们，科技成果转化不仅是科技创新的自然延伸，更是一项系统性、战略性的工程。首先，高校需要建立与市场接轨的技术转移机制，通过“事业化管理＋市场化运营”的模式，实现科技成果与市场需求的精准对接。其次，学科性公司不仅为科研成果转化提供了支持平台，更通过股权激励等手段，确保了科研团队能够共享成果、共担风险，从而激发了科研人员的积极性和创造力。最后，创新性转化机制如“先赋权后行权”，为教师创办学科性公司提供了有力的政策支持和全程赋能，大幅降低了转化门槛，显著提高了转化效率。因此，高校应与政府、企业、资本等多方力量建立紧密的合作关系，共同构建全流程贯通、全要素集聚的科技成果转化生态，以最大化科技成果的应用价值和社会经济效益。北理工技术转移中心的实践路径，为高校科技成果转化提供了一条可行之路，也为我国技术转移体系建设贡献了宝贵的经验。

二、天津大学：“三大支柱＋三驾马车”助力科技成果转化

【摘要】天津大学（简称“天大”）作为中国一流的工科高校，在科技成果转化方面通过整合其独特的资源优势，形成了极具特色的科技成果转化模式。这种模式充分发挥北洋海棠基金、天津大学国家大学科技园（简称“天大科技园”）以及天大宣怀学院/创业知本社“三大支柱”的优势，将创业投资、创业孵化、创业赋能的全链条生态体系与“科学家＋投资家＋创业家”的“三驾马车”战略紧密结合，打造出了具有海棠特色的科技成果转化体系。

天津大学作为国家技术转移示范机构，积极推动科研成果的产业化，近年来在科技成果转化方面取得了突出成绩。学校依托强大的科研实力和深厚的学术底蕴，形成了独具特色的“三大支柱＋三驾马车”模式，推动了众多科研成果成功落地并实现商业化，为国家和区域经济发展作出了重要贡献。

北洋海棠基金作为天津大学科技成果转化体系中的金融引擎，充分发挥了在筹集资金、推动创新、分散风险等方面的关键作用。基金由天津大学知名校友企业家共同发起成立，通过“发现—赋能—加速—投资”的特色服务链条，

链接近 4 000 名天大校友、近 1 500 个创业项目以及 200 余家金融机构。

北洋海棠基金通过校企合作、社会投资等多元化的融资渠道，专注于支持具有前沿创新性和产业化潜力的科技项目。基金的管理团队由经验丰富的投资人组成，他们凭借敏锐的市场洞察力和专业的投资判断，为科技成果的商业化提供了科学、合理的规划。基金不仅为科技成果转化提供了稳定的资金来源，还通过资本杠杆效应，吸引了更多社会资源的投入，形成了一个资金流动与科技成果孵化的良性循环机制。

在此基础上，天大进一步探索建立多层次的科技金融服务体系，逐步构建了从种子期、初创期到成长期的全生命周期科技创新投资平台。北洋海棠基金不仅为科技成果的初期研发提供启动资金，还在科技成果进入中试、扩大生产等关键阶段时给予持续的资金支持。这种全周期、全方位的金融支持，不仅提升了科技成果转化的成功率，还显著加快了创新成果向市场的推广和应用。

天大科技园作为科技成果转化和创业孵化的重要载体，形成了“一中心、两园区、五基地”的园区格局，为科技成果提供了从孵化到产业化的全链条服务。天大科技园作为物理空间载体，致力于充分发挥天津大学的综合资源优势，帮助企业解决“卡脖子”问题。

天大科技园不仅精心打造了高品质的办公空间，投入了先进的生产设施，还积极构建多元化服务平台，定期举办创业培训、技术交流会和科技成果展示活动。这些活动不仅促进了科技成果的广泛展示与有效推广，还加强了园区内企业的互动与合作。天大科技园内的技术转移中心和孵化器，作为推动科技成果转化的核心机构，依托专业化的服务团队和高效的运行机制，为入驻企业提供从技术研发到市场应用的全链条支持。

在运营模式上，天大科技园紧密对接学术研究与企业实际需求，加快了科技成果向市场产品的转化进程。园区内设立的多个特色研究中心和高端实验室，不仅为高校师生及企业提供了一流的科研环境和技术服务，还显著提升了科技成果的应用转化效率。得益于这些有力措施，天大科技园已逐步发展为科技成果转化的重要孵化摇篮，为地方经济发展和国家创新体系建设输送了大量高科技企业和创新产品，其成效得到了广泛认可。

除了资本和物理孵化载体支持，天大宣怀学院和创业知本社作为创业赋能的重要组成部分，为科技成果转化提供了人才与智力支持。依托这两大平台，天大成功构建了从创意、创新到创业的全链条综合性创新创业教育体系，实现了全员、全过程、全方位创新创业教育，并以此推动天大“斯坦福＋硅谷”模式的形成。

天大宣怀学院创新性地构建了“漏斗式”创新创业课程体系，实现创新创业人才“发现—赋能—加速—创业”、从理论到实践再到实战的进阶式培养路径。宣怀学院是国内首个聘任民营企业家担任院长的创业学院，开启了科教融合、产教融汇的创新创业教育新篇章。学院还采取校企共治模式，设立院董会，架起创新创业教育中“学校与企业之桥”“教育与社会之桥”“项目与资本之桥”“科研成果转化之桥”，促进教育、科研与产业的深度融合。此外，通过丰富的活动与实践课程，宣怀学院致力于建设具有创新、开放、交叉特色的新型学院，推动天大创新创业教育的改革与发展。

创业知本社作为宣怀学院的附属机构，进一步强化了创业孵化和项目加速的功能。通过整合校内外创业资源，创业知本社为创业团队提供了资金、场地、法务、财务等多方面的支持，构建了创新创业的全链条生态体系。创业知本社聚集了众多行业专家和企业家，通过导师指导、资源对接和项目孵化等多种方式，帮助学生和科研人员快速将创业构想转化为现实。这种产学研一体化的创新创业教育模式，有效提升了天大在创新创业领域的竞争力。

基于此，天津大学在科技成果转化过程中，创造性地提出了“科学家＋投资家＋创业家”的“三驾马车”模式，与“三大支柱”紧密结合，助力科技成果转化跨越“达尔文死海”。“三驾马车”模式的核心目标是将科研成果转化所需的时间缩短一半，梳理三方与大学的利益关系，实现多方共赢。

在这一体系中，投资家通过梳理科研项目的方向并验证其可行性，帮助科学家找到真正的技术应用场景，从而降低转化风险。此外，投资家还为科学家提供市场、资金、管理等方面的支持和建议，助力科研成果市场化。进而，在天大的创新创业基地中，科学家和投资家共同挑选合适的创业家加入团队。通过制定期权奖励措施等激励机制，让创业家全身心投入企业发展，推动企业快速发展。基于此，组建专业的合作团队，负责项目的具体运作和管理。同时，搭建好股权架构，明确各方权益和责任，确保项目的顺利推进和持续发展。

【案例启示】天大的科技成果转化模式通过“三大支柱”和“三驾马车”有机结合，为高校科技创新转化提供了全新路径。“三大支柱”——北洋海棠基金、天大科技园和天大宣怀学院/创业知本社，分别从资金支持、物理载体和人才培养三方面为科技成果的转化提供了全链条服务，确保了科技项目从研发到市场化的顺利推进。同时，“三驾马车”——科学家、投资家和创业家的协同合作，进一步促进了科研成果的高效转化。科学家专注技术研发，投资家提供资金和市场方向，创业家则负责项目的运营和商业化推进，这种多方协同的模式不仅加快了科技成果的产业化进程，还显著降低了转化中的风险与成本。该模式通过创新资源的整合，实现了科技、资本和市场的有效对接，成功推动了科技成果跨越“达尔文死海”，为高校科技成果转化提供了可持续发展的路径和经验。

三、河北工业大学科技园：全链条服务助力科技成果转化

【摘要】河北工业大学（简称“河工大”）科技园是以科技成果转化为核心使命的重要创新平台，园区依托河工大强大的科研力量和多学科优势，致力于推动技术创新和产业化。科技园构建了多元化的科技成果转移转化平台，如科技成果超市、国家备案众创空间和先进装备科技成果转化孵化基地等，在高校与企业之间搭建起便捷高效的合作桥梁，推动了多项科技成果顺利实现市场化和产业化。同时，科技园还构建了“众创空间—孵化器—加速器—产业化园区全链条孵化体系”和“一四九全链条孵化服务体系”，提供全方位的服务和支持，确保科技成果的产业规模化与市场化。此外，通过引入河工大先进装备研究院、河工大双碳研究院和泰华智能装备研究院等企业公共技术服务平台，科技园进一步拓展了校企合作的深度与广度，助力区域经济的转型升级和高质量发展。

河工大科技园作为重要的科技成果转化平台，致力于将高校的科研优势转化为实际生产力。园区以科技成果转化为核心，集研发、孵化、产业化于一体，专注于高新技术领域的创新与发展。通过搭建产学研紧密合作的桥梁，河工大科技园已成功推动多项科技成果实现市场化、产业化，为区域经济的转型升级和高质量发展注入了新的活力。

河工大科技园构建了多元化的科技成果转移转化平台，包括科技成果超市、国家备案众创空间和先进装备科技成果转化孵化基地等。这些平台为高校与企业之间的技术转移与合作搭建了便捷的桥梁，显著提升了科技成果的转化效率。

河工大科技成果超市作为津冀首家科技成果超市，为科技成果展示、推广和交易提供了平台。通过这一平台，企业可以方便快捷地获取最新的科研成果，并将其应用于实际生产中，从而提升自身的技术水平和市场竞争力。科技成果超市不仅起到了成果展示的作用，还通过与企业的对接，为科技成果的市场化转化提供了重要的渠道，实现了科技成果向经济效益的有效转化。

国家备案众创空间为创新创业者提供了一个良好的孵化环境。河工大通过这一平台，为初创企业和创新团队提供了从项目启动到市场推广的全流程支持。国家备案众创空间高效的资源整合，能够为创业者提供研发支持、资金对接、市场推广等多方面的帮扶，推动创新创业项目的快速发展。

先进装备科技成果转化孵化基地则专注于先进装备制造领域的科技成果转化。该基地依托河工大的科研优势，引进和培育了一批具有核心竞争力的科技企业，推动了先进装备产业的快速发展。通过提供专业的技术指导和资金支持，孵化基地助力科技成果从实验室走向市场，实现了科技与经济的深度融合。

河工大科技园还构建了“众创空间—孵化器—加速器—产业化园区全链条孵化体系”和“一四九全链条孵化服务体系”，为科技成果的孵化、成长和产业化提供了全方位的服务和支持。

“众创空间—孵化器—加速器—产业化园区全链条孵化体系”覆盖了科技成果转化的各个阶段，帮助初创企业从创意阶段顺利过渡到产业化阶段。在众创空间阶段，河工大科技园为创业者提供了基本的办公场地和初步的技术支持，帮助其将创意转化为具体的项目；在孵化器阶段，项目进入更深入的研发和市场推广阶段，科技园提供更为专业的技术支持和资源对接；在加速器阶段，科技园通过资本运作和市场拓展等手段加速企业成长；在产业化园区阶段，科技园则助力企业实现规模化生产和市场化运营。

“一四九全链条孵化服务体系”是河工大科技园为创新创业项目提供的一站式服务模式。“一”是指依托河北工业大学，充分发挥其位于天津且隶属河北的地理优势，整合京津冀地区的优质创新创业资源；“四”是指四大平台，包括基础服务平台、资源对接平台、培育成长平台、科技融资平台；“九”则是指九大服务体系，涵盖物业服务、商务服务、技术对接服务、培训服务、人才引进服务、知识产权服务、投融资服务、科研保险以及产品概念验证。这一服务体系的优势在于其高度的集成性和系统性，其可以在项目的不同发展阶段提供相应的支持，确保项目顺利推进并最终实现市场化。

此外，河工大科技园不仅注重自身的科技成果转化，还积极引入外部企业的公共技术服务平台，拓展校企合作的广度和深度。具体而言，河工大科技园引入了河工大先进装备研究院、河工大双碳研究院和泰华智能装备研究院等企业公共技术服务平台。这些平台汇聚了来自不同领域的专家和技术资源，为企业提供专业化的技术支持，推动企业在各自领域内的创新和发展。

河工大先进装备研究院和河工大双碳研究院作为科技园内的重点科研机构，分别致力于先进装备制造和绿色低碳技术的研发与应用。通过与企业合作开展联合攻关项目，这些研究院不仅推动了相关领域的技术进步和产业升级，还为科技园内的企业提供了高质量的技术服务，有效推动了企业技术水平和市场竞争力的提升。

泰华智能装备研究院则专注于智能装备技术的研发和推广。该研究院依托河工大在智能装备领域的科研积累，为企业提供定制化的技术支持，推动智能装备技术的产业化应用。同时，其还通过培训和技术咨询等方式，帮助企业提升在智能制造领域的技术能力和竞争力。

【案例启示】河工大科技园在促进高校科技成果转化方面取得了显著成效，展示了其独特的创新能力和战略眼光。首先，科技成果转化的关键在于建立高效的技术转移机制，确保科技成果顺利从实验室迈向市场。河工大科技园构建了多元化的平台和全链条的服务体系，促进高校与企业之间的技术转移与合作，大大推动了科技成果的转化效率和市场化应用。其次，创新创业孵化环境的营造对推动科技成果转化至关重要。河工大科技园通过构建众创空间、孵化器等平台，为初创企业和创新团队提供了全流程的支持与服务，帮助初创企业在不同的发展阶段获得必要的资源，推动了创新创业项目的快速发展。最后，河工大科技园还引入了外部企业的公共技术服务平台，聚集各方资源，强化校企合作，助力区域经济转型升级。河工大科技园的成功经验深刻启示我们，科技园区不仅是科技成果转化的关键节点，更是推动区域经济高质量发展的重要力量。

第二节　科技成果转化机构服务案例

一、中国技术交易所：为医疗机构提供科技成果评价和挂牌交易服务

【摘要】中国技术交易所依托“专利价值分析与评估体系”研究基础和自主研发的“科技成果挂牌交易系统”，为某医疗机构专利项目的成功交易，提供科技成果评价和挂牌交易服务。

中国技术交易所（简称“中技所”）成立于2009年，是经国务院批准，由北京市人民政府、科技部、国家知识产权局和中国科学院联合共建的国家级技术交易服务机构，目标是探索服务科技成果转化的新机制，在全国范围内开展技术交易和成果转化服务。

中技所成立当年就成为中关村国家自主创新示范区建设的主要支撑单位，配合开展科技创新、成果转化、股权与分红权激励改革试点工作；2010年在全国率先推出专利拍卖、挂牌交易、科技成果评估结果与成交信息公示服务；2014年上线“国家技术交易全程服务支撑平台”；2015年推出“专利价值分析与评估体系”；2020年北京市委、市政府依托中技所设立北京知识产权交易中心；2021年中共中央办公厅、国务院办公厅印发《建设高标准市场体系行动方案》，支持中技所等机构建设国家知识产权和科技成果产权交易机构，在全国范围内开展知识产权转让、许可等运营服务，同年首单专利许可知识产权证券化产品成功发行；2022年中技所配合科技部开展“国家科技计划成果路演行动”，入选科技部“科技成果评价体系改革”首批试点单位；2023年中技所被国家知识产权局认定为国家知识产权运营（北京）交易服务平台。

中技所为大量科技成果的成功转化提供了服务，积累了丰富的经验。目前，已经形成一套行之有效的成果转化服务模式——“四方联动六步法”。

“四方联动”是指在科技成果持有方、受让方（或承接方）、交易所和专业机构四类主体之间围绕科技成果转化形成良好的联动机制。科技成果持有方包括高等院校、科研院所以及研发企业；受让方（承接方）主要是企业；交易所提供综合服务平台；专业机构包括知识产权代理、评估、法律服务、投资等服务机构。

“六步法”则贯穿成果转化的全过程：第一步开展项目的汇集和筛选，根据市场需求挑出能够进行转化的优质科技成果；第二步是结合项目特点以及科技成果持有方的意愿，选择好方案设计路径，根据《中华人民共和国促进科技成果转化法》相关规定选择自行转化、合作实施转化、转让、许可、作价出资或其他可行的转化方式；第三步结合客户意愿和相关政策要求对拟转化项目进行评价估值；第四步由中技所结合前述工作进展情况配合科技成果持有方履行内部决策程序；第五步通过中技所开展挂牌、推广、路演、对接活动，积极促成合作并发挥交易场所的价格发现功能；第六步则是结合客户实际需求提供交易价款结算、技术合同登记、融资等综合配套服务。

近年来，中技所通过“四方联动六步法”成功为各央企、高校、科研院所等创新主体提供交易服务，形成众多具有代表性的服务案例。

2022 年，中技所为某医疗机构提供科技成果评价和挂牌交易服务，对其持有的一项医疗器械技术领域的发明专利进行科技成果价值评价和挂牌交易。

该项目为某冠状动脉支架科技成果，成果的研发面向众多冠心病患者，以求最大限度破除支架形状与血管不匹配带来的诸多弊端，避免金属支架长期存在对冠状动脉产生的影响，该科技成果具有极高的科学、经济及社会价值。中技所与医疗机构进行充分沟通，为成果所涉及的发明专利“一种可降解个性化非柱形仿生药物洗脱冠状动脉支架”提供了科技成果价值评价服务，为发明专利的挂牌交易提供价格参考。中技所结合医疗机构科技成果转化的特点，以相关成果转化政策为依据，以技术交易规则为准绳，为项目制定了全面、详细的技术交易方案，涉及权属确认、信息披露、登记意向、资格确认、组织谈判、交易签约、凭证出具等多个环节。

中技所挂牌交易服务流程如图 5-1 所示。

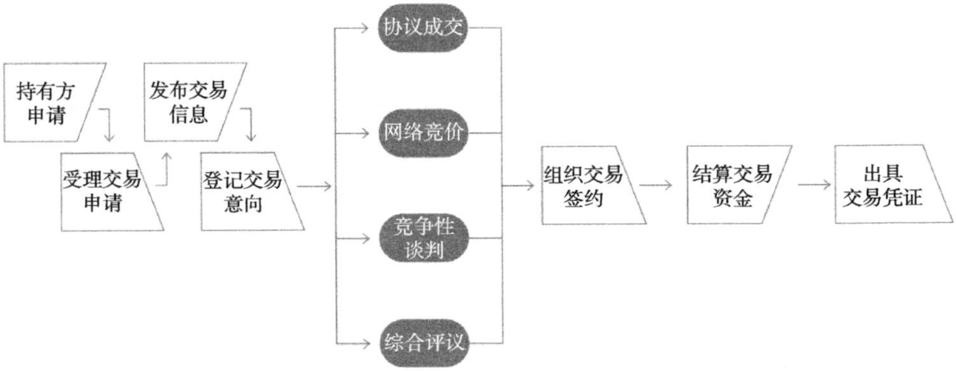

图 5-1　中技所挂牌交易服务流程

在持有方申请环节，该家医疗机构作为成果持有方委托中技所为其科技成果进行价值评价和挂牌交易，并与中技所签订服务合同，同时向中技所提交交易信息发布申请书、交易信息发布承诺函、持有方主体资格证明复印件、交易行为决策文件和专利清单及证书复印件等相关资料，并对材料的真实性、合法性、完整性、准确性负责。

在受理交易申请和发布交易信息环节，中技所对挂牌申请资料进行审核，重点审核材料的齐全性与合规性、发布内容的完整性与准确性、交易条件设置的公平性与合理性。审核通过后，按流程在技 E 网进行线上发布。通过创新资源数据库进行项目分析，从技术特点、企业实力、产业发展等方面，对持有方的成果进行匹配，寻找出潜在的意向受让方。考虑本次专利评价的特点，中技所以国家知识产权局课题研究形成的专利价值分析指标体系为指导，在传统折现现金流评价法的基础上对评价方法进行了优化，引入了法律价值度、技术价值度和经济价值度参数，并结合以往评价项目积累的多项经验参数，对项目进行更准确的分析。

在登记交易意向环节，以中技所全国科创服务网络体系为核心，采用官方渠道公开披露和专有渠道定向推介等方式开展受让意向登记工作。中技所接受意向受让方对项目的咨询，从交易规则、交易流程、注意事项等方面提供专业解答，并配合医疗机构在交易条款及技术问题方面向意向受让方进行信息反馈，形成标准、规范的意向受让方引入机制，充分发挥交易所资源汇聚、匹配对接、风险隔离的功能。

在组织交易签约环节，中技所根据持有方确认的意向受让方组织交易撮合，采用协议成交的方式，协助交易双方签订交易合同。

在结算交易资金环节，受让方按要求向中技所指定结算账户支付交易价款，由中技所向持有方划出交易价款。

在出具交易凭证环节，中技所在交易价款划出后，为交易双方出具交易凭证。

【案例启示】党的十八大以来，党中央高度重视科技成果转化工作，国家持续完善科技成果转化政策环境，支持高等院校、科研机构和企业科技成果进场交易。国家设立的研究开发机构、高等院校对其持有的科技成果，可以自主转让、许可或者作价投资，并通过协议定价、在技术交易市场挂牌交易、拍卖等方式确定价格。科技成果进场交易有利于保障国有科技成果转化合规、高效。中技所全国科创服务网络体系及科技资源汇聚功能，使得科技成果能触达更多意向受让方或投资人，也为发掘成果的市场价值起到促进作用。

二、天津联创科技发展有限公司：首创“线上平台＋技术经理人市场化合作”服务新模式

【摘要】天津联创科技发展有限公司自主研发建设了以科技成果转化全业务流程交易服务为核心的数字化一站式服务平台，并以技术经理人为核心，首创了“线上平台＋技术经理人市场化合作”成果转化新模式，实现了科技成果转化市场化机制，覆盖了科技成果转化的信息发布到交易结束全流程，解决了不同地域、不同机构的技术经理人跨区域资源共享及市场化合作问题。

天津联创科技发展有限公司（简称“联合创星”）成立于2015年，承担“南开大学创新创业基地”的建设和运营任务，建立了“以投资为导向、以科技成果转化为内核、以产业为基础、以多种孵化服务为赢利手段”的双创新模式。2021年，联合创星承担天津市科技成果展示交易运营中心运营任务，在天津市科技局指导下，搭建了线上线下“双线结合”的科技成果转化市场化体系，以“科技成果线上交易服务平台＋全国技术经理人市场化合作”的AMCS

（技术经理人市场化合作体系）模式，为企业和高校院所提供了科技成果转化的新思路和新模式，该模式有效促进了科技成果的高效转化，并入选“2022‘科创中国’全球百佳技术转移案例”，在全国各地取得市场化成效。联合创星和天津市滨海新区科技局联合推出一系列信息化评价工具，基于自有数据库及研究能力，创新了评价理论和方法，供成果方、产业方、投资方、技术经理人等多方使用，并于2023年出具了“001号”成果评价报告，获得多方认可，成果方和产业方以此为依据签订了技术合同。

近年来，联合创星在科技成果市场化评价、技术经理人能力提升等多方面开创了成果转化市场化模式的先河，相关活动多次被新华社、人民日报、科技日报等中央媒体以及天津日报等多家地方重要媒体宣传报道。

联合创星依托多年深耕科技成果转化行业的经验，经过不断地探索创新，建立了“科技成果线上交易服务平台＋全国技术经理人市场化合作”模式，为技术需求端和成果端提供成果转化在线交易平台，该平台与其他同行业的信息服务平台相比，具有以下特点：一是发布的技术需求经过四步法验证（形式验证、内容验证、意愿验证、技术验证），确保100%真实有效；二是根据企业规模、投入金额、企业对接人的级别等为所有需求设置不同的服务级别，平台提供差异化的服务标准；三是对审核过的技术需求，确保应答率能够达到80%以上，并且同一需求可以有多个成果方应答，形成竞标；四是提供线上需求发布、竞标、签约、线上支付、线上分佣、服务评价的全流程业务功能；五是平台的核心服务对象及角色是技术经理人。这一服务新模式提供一站式科技成果转化服务指导，形成众多具有代表性的服务案例。

以技术经理人为核心的科技成果转化业务服务案例如下。2022年，联合创星主导并推动某央企与天津某大学的“沸腾氯化收尘渣”成果转化项目。需求端的技术经理人在服务企业的过程中挖掘到该需求，并将其发布到创星π平台上，接着联合创星业务专员通过四步法对需求的真实性进行验证审核后，进行点对点推送和平台宣传推介，成果端的技术经理人了解到这个技术需求后，进行应答。联合创星针对不同成果单位组织了多场线上及线下对接会，综合评价比较，最终与其中一家成果持有方签订了技术合同，该合作项目以资源回收利用的方式解决了氯化废渣资源综合利用的技术问题，帮助企业降低工艺成本，提高处理工艺的经济性，也验证了 AMCS 模式的优势。

与地方政府合作共建平台，赋能地方市场化技术转移体系建设案例如下。联合创星与天津市滨海新区科技局于 2022 年签署共建“滨海新区数字化科技成果转化服务与交易平台”（简称“滨科荟平台”）协议，该平台于 2023 年 11 月正式投入运营。滨科荟平台自运营以来，始终以“政府引导 + 市场化平台 + 技术经理人”合作模式为企业提供常态化的“揭榜挂帅”服务，并承诺在一个月内为企业 80% 的技术需求找到成果方。截至目前，滨科荟平台共拥有注册用户 1 500 余人，其中服务机构 300 余家，技术转移机构 20 余家，成果单位 40 余家；挖掘真实有效技术需求共 76 项，对接成果单位共 20 余家，6 个项目已转化落地；发展有效技术经理人 20 余人。

2024 年，联合创星参与并协助滨海新区基于滨科荟平台与工业和信息化部火炬高技术产业开发中心在科技成果产业化方面的合作，滨海新区与火炬中心于 5 月 9 日签署战略合作协议，基于联合创星运营的滨科荟平台，在科技成果产业化合作方面达成以下约定。一是共同深化科技与产业协同。滨海新区充分发挥各类场景优势，推动先进适用技术和未来产业技术应用到滨海新区的产业和各类场景需求上，为滨海新区产业创新升级提供有力支撑。二是共同打造产业化发展平台。火炬高技术产业开发中心与滨海新区共同建设“火炬科技成果产业化（京津冀）区域中心”，并以推动高新技术成果产业化和体制机制改革先行示范为主要目标，充分发挥滨科荟平台和线下展示中心效能，以高标准高质量高水平科创服务打通京津冀三地“研发 + 验证 + 中试 + 产业化”链条，探索市场化机制，提升区域科技成果转化效率和比重。三是共同培育复合型技术转移人才。围绕完善火炬中心技术转移人才培养网络体系，在智库建设、导师遴选、教材编写、培训宣讲和实践活动等方面开展先行先试合作。

【案例启示】党的二十大突出了科技创新在我国现代化建设全局中的核心地位，2024 年 7 月通过的《中共中央关于进一步全面深化改革 推进中国式现代化的决定》进一步持续优化科技成果转化政策环境，联合创星以技术经理人为核心，以数字化平台为工具，通过线上线下相结合的模式，实现跨区域科技资源联动，高效推动技术需求端和成果持有端的对接交流，显著提升了科技成果转化的效率和质量，推动市场化合作体系的构建，为经济的高质量发展注入新的活力。

三、河北省科技成果展示交易中心：科技成果转化的催化剂

【摘要】河北省科技成果展示交易中心在河北省科技创新与产业转型升级的浪潮中，扮演着至关重要的角色。中心通过汇聚技术资源打造技术“资源池”，实施精准对接，搭建沟通桥梁，通过“四库三账”构建完整的转化链条，以及积极开展深化京津冀合作，不断推动科技成果在区域内的落地转化。

河北省科技成果展示交易中心（简称“河北省展交中心”）是按照运营市场化、功能平台化、资源国际化、展交数字化的思路，打造的集展示、交易、转化、产业化“四位一体”的全国性技术交易大市场和国际化技术转移大平台，中心推动了优质科技成果在河北省乃至京津的落地生根，为区域经济的高质量发展注入了强劲动力。

首先，河北省展交中心致力于汇聚资源，打造技术“资源池”。自成立以来，中心将资源整合作为其首要任务，积极与省内外高校和科研院所展开深度合作，共同建立多个成果输出基地和成果转化中心。这些基地作为技术创新的重要源头，源源不断地为河北省展交中心输送前沿技术成果。截至 2024 年 6 月底，中心已收录技术供给 75 229 项、专利技术 45 132 项、技术专家 4 546 位，为科技成果转化奠定了坚实基础。

为了进一步提升资源利用效率，河北省展交中心积极引入现代信息技术手段，依托河北省科技成果转化网，实现技术供给信息的实时更新与精准推送。企业用户只需简单操作，即可获取符合自身需求的技术信息，大大降低了搜索成本，节约了时间。此外，中心通过线上线下相结合的方式，在河北科技创新展示服务大厅和 VR（虚拟现实）展厅同步展示科技成果，吸引了大量企业和科研人员的关注与参与。

其次，河北省展交中心通过精准对接，积极促进科技成果转化。科技成果转化是一个复杂而精细的过程，涉及供需双方的深入沟通与精准匹配。为此，河北省展交中心通过举办多层次、高密度、精准化的品牌活动，为技术供需双

方搭建沟通桥梁。

河北省展交中心策划并组织了诸如技术成果供给沙龙、科技成果直通车、项目路演等品牌活动，为企业与专家提供面对面交流的机会，促使许多实验室中的技术成果得以落地。比如，在喷墨数字印刷创新平台项目的合作中，河北省展交中心仅用五个月时间就促成了河北慧印科技有限公司与北京印刷学院的签约，实现了从需求提出到合作协议签订的高效对接。

除了大型品牌活动外，河北省展交中心还通过线下企业走访、线上需求征集等多种方式，深入了解企业的实际需求，并依托庞大的技术成果库进行精准匹配。这种一对一的精准服务模式不仅显著提高了科技成果的转化率，还赢得了企业和科研人员的广泛赞誉。

再次，河北省展交中心积极构建全流程体系，完善了科技成果转化的全链条服务。科技成果转化是一个系统工程，需要完善的服务体系和流程支撑。为此，河北省展交中心建立了从技术成果发布、供需对接、跟踪服务到宣传报道的全链条服务体系。

通过“四库资源”（技术成果库、专利供给库、技术专家库、科技政策库）和“三本台账”（成果供需对接跟踪服务账、意向签约项目推进落地账、加盟中介机构联合转化账）机制，中心对科技成果转化过程进行全流程跟踪与管理。这不仅确保了转化项目的顺利推进与落地实施，更提高了科技成果转化的效率与质量。

此外，河北省展交中心还不断拓展服务领域与范围，除了传统的科技成果展示与交易服务外，还积极引入科技金融、知识产权服务等新兴领域的业务，为企业提供更全面、更专业的科技服务支持。同时，河北省展交中心加强与国内外优秀技术转移机构和创新服务机构的合作与交流，推动科技成果转化的国际化进程。

最后，河北省展交中心深化区域合作，推动京津冀协同发展。“京津研发、河北转化”是京津冀协同创新体系的重要内容之一。作为京津冀协同发展战略的重要承载平台，河北省展交中心积极深化与京津两地高校、科研院所的合作与交流，推动京津创新资源和科技成果在河北的落地转化。

2024 年以来，河北省展交中心与中国技术交易所、天津市科技创新发展中心等机构开展了广泛的合作与交流，共同促进京津冀资源的共享。同时，河北省展交中心在河北省科技成果转化网上设立了“京津冀优质技术成果联合推介”和“京津冀技术交易项目联合推介”功能板块，实时发布优质技术成果和交易信息，为京津冀三地的科技合作提供了便捷的信息交流平台。此外，河北省展交中心还积极组织并参与环渤海技术转移联盟年会、河北科技成果直通车、中关村“火花”活动等系列对接活动，加速京津创新资源和科技成果向河北流动与转化。这些举措不仅有效促进了三地科技资源的优化配置与高效利用，更为河北的产业升级与高质量发展注入了新的动力。

【案例启示】河北省科技成果展示交易中心作为一个专注于科技成果展示、交易、转化和产业化的服务机构，不仅为科技成果转化搭建了一个高效的平台，还通过一系列创新举措，推动科技成果转化。中心与多家高校和科研院所合作，建立了多个成果输出基地，大幅提升技术供给的质量与效率。同时通过信息技术的实时更新和精准推送，以及线上线下展示方式，有效增强了成果转化。此外，中心通过组织高密度、多层次的品牌活动，为科技成果转化搭建了高效沟通平台，并依托“四库三账”体系，完善了科技成果转化的全链条服务。最后，通过深化京津冀区域协同合作，中心为河北的产业升级与高质量发展注入了新的动能，形成了独具特色的科技成果转化模式。

第三节　科技成果转化政策落实案例

一、北京积水潭医院的赋权改革之路：医工企结合成果转化新模式

【摘要】北京积水潭医院（简称“积水潭医院”）近年来在科技成果转化领域不断突破，通过赋权改革与医工企紧密结合的新模式，为科技成果转化和产业化树立了典范。依托入选科技部试点单位的契机，积水潭医院积极实施赋权改革，建立了完善的赋权管理制度并制定了相关配套文件。通过大力推行《北京积水潭

医院科技成果赋权改革实施方案（试行）》，积水潭医院极大地激发了科研人员的创新热情与转化动力。同时，为了进一步推动医工企紧密合作，积水潭医院构建了“三元素—三循环”工作机制，实现了医院、工程研发机构、企业三方的高效协同，为科技成果转化提供了有力支撑。此外，积水潭医院还制定并实施了《北京积水潭医院科技成果转化管理办法》，为科技成果转化提供了坚实的制度保障和流程化管理方案，促进了医院科研创新能力与成果转化能力的双提升。

积水潭医院作为国内骨科领域的佼佼者，长期致力于科研与临床实践，积累了大量具有创新性和实用性的专利技术，为科技成果转化奠定了坚实基础。这些专利广泛覆盖骨科、烧伤科等多个重点学科领域，展现出广阔的应用前景和显著的市场价值。凭借丰富的专利资源，积水潭医院在推动科技成果的实际应用转化方面拥有巨大潜力，有望为提升医疗服务水平和推动医疗科技进步作出重要贡献。

赋权改革为科技成果转化注入了源头活水。为深化科技成果使用权、处置权和收益权改革，积水潭医院依托入选科技部公布的“赋予科研人员职务科技成果所有权或长期使用权试点单位”的契机，建立健全了赋权改革管理制度并制定了相关配套文件。其中，积水潭医院制定了《北京积水潭医院科技成果赋权改革实施方案（试行）》，从适用范围、表决机制、成果要求、免责机制、成果管理五大方面规定了科技成果赋权的具体流程。这一举措助力积水潭医院摆脱以往“单位有权利无动力，科研人员有动力无权利”的困境，成功赋予科研人员对其科研成果的所有权或长期使用权，从根本上激发了科研人员的创新活力和转化积极性，为科技成果的转化和应用奠定了坚实基础。

骨科张昊华医师的“移动智能动作监测骨科康复指导仪”项目，是北京市赋权改革下的首例成功案例。该项目源于张医师在临床实践中发现的骨科患者术后康复训练不足的问题。为解决这一问题，他决定与企业合作，共同研发基于陀螺仪技术的“移动智能动作监测骨科康复指导仪”，旨在精确辅助患者完成康复训练动作。同时，作为科技成果赋权改革的试点单位，积水潭医院积极响应相关政策要求，制定了详尽的实施方案与配套文件，并从众多科研成果中筛选出该项目作为赋权改革的重要试点对象。在此安排下，积水潭医院与张医师共同成为该职务科技成果的所有者，这一创新性的权益分配机制极大地激发了科研人员的积极性与创造力。同时，为确保赋权改革实施过程的稳妥与风险可控，医院特别聘请了专业的知识产权与法务团队以获得全程支持。最终，该科研成果成功转化为实际应用产品“魔声·点”，它的投入使用不仅显著提升了患者的康复效果，还有效减轻了医护人员的负担，展现出了显著的社会效益与经济效益。此外，该项目在“第二届首都医学创新与转化大赛”中荣获一等奖，进一步彰显了积水潭医院在科技成果转化领域的强大实力与蓬勃的创新活力。

医工企紧密合作是科技成果转化的加速器。在赋权改革的基础上，积水潭医院进一步推动了医工企的深度融合。积水潭医院深刻认识到，要实现科技成果的有效转化，必须打破医工企之间的壁垒，形成协同创新的整体合力。为此，积水潭医院探索出了“三元素—三循环”工作机制，即医院、工程研发机构、企业三方紧密合作，形成医工研发循环、工企调控循环、医企互促循环的闭环系统，实现了医院、工程研发机构、企业三方的高效联动。在与北京罗森博特科技有限公司和北京天智航医疗科技股份有限公司的合作中，这一模式得到了充分验证。

以“智能化骨折复位机器人”项目为例。这款机器人由积水潭医院与北京罗森博特科技有限公司共同研发，是全球首个骨盆骨折复位机器人产品。这款机器人集成了术中实时 3D（三维）导航、辅助骨折复位操作、自动手术规划等先进技术，有效解决了创伤骨科手术中的一大难题——骨盆骨折的治疗。得益于医工企三方的深度融合与紧密合作，该项目迅速完成了从研发到临床应用的跨越，不仅显著提高了手术的成功率和患者的康复速度，还通过商业化运作，为合作企业带来了可观的经济效益，同时也为医院带来了科技成果转化收入，实现了多方共赢。

同样，积水潭医院与北京天智航医疗科技股份有限公司合作的“关节手术机器人”项目，也是医工企紧密合作的典范。这款机器人以术前功能化影像与术中多模式智能感知技术为核心，实现了对髋膝关节的个性化诊疗，显著减少了患者术后并发症的发生，降低了治疗成本。该产品一经推出便受到市场的广泛认可，不仅充分满足了临床治疗的迫切需求，还引领了关节外科手术领域的技术革新与发展潮流。

政策支持与机制保障是科技成果转化的坚实后盾。北京积水潭医院通过制定和实施《北京积水潭医院科技成果转化管理办法》，不仅为科技成果的转化提供了有力的制度保障，还促进了医院内部科研创新氛围的营造和科技成果转化能力的提升。该管理办法为科技成果的转化提供了全面的指导和规范，确保了转化工作的有序进行。具体而言，该管理办法详细梳理了科技成果转化的完整流程，从科技成果的评估、筛选，到转化意向的明确、转化合同的制定与审核，再到最终的转化实施与跟踪评估，对每一个环节都进行了周密的安排和严谨的规定。此外，该管理办法还科学合理地设定了科技成果转化的收益分配机制。积水潭医院充分尊重并保护科研人员的劳动成果，将转化收益的大部分直接分配给完成人及其团队，从而极大地激发了科研人员的积极性和创造力。同时，积水潭医院也保留了一定比例的收益，用于支持后续的科研创新和成果转化工作，形成了一个良性循环的生态系统，进一步推动了医院科技成果转化工作的持续健康发展。

【案例启示】积水潭医院的案例深刻启示我们，医疗机构科技成果的有效转化需紧密结合市场需求，并依赖于系统化的赋权改革、紧密的医工企合作及完善的政策支持与机制保障。其中，积水潭医院将赋权改革作为核心驱动力，大力推行《北京积水潭医院科技成果赋权改革实施方案（试行）》，明确了科研人员对其科研成果的所有权或长期使用权，从根本上激活了创新活力与转化动力，解决了传统科研体系中动力与权益的错位问题。此外，积水潭医院构建了“三元素—三循环”工作机制，实现了医院、工程研发机构和企业之间的高效协同，确保了科技成果精准对接市场需求，促进了科技成果的快速转化与商业化应用。同时，《北京积水潭医院科技成果转化管理办法》等制度性文件的出台，不仅为转化流程提供了标准化指导，还通过合理的收益分配机制，保障了科研人员的利益与积极性，形成了科研创新与成果转化的良性循环。积水潭医院的成功实践表明，医疗机构科技成果转化需要多方协同和机制创新，同时必须密切关注市场需求，只有以市场为导向进行科研创新，才能确保转化的科技成果具有实际应用价值和商业潜力。

二、天津工业生物技术研究所：创新利益分配机制，激发科研人员的创新创造活力

【摘要】中国科学院天津工业生物技术研究所（简称“工生所”）通过创新

利益分配机制，成功激发了科研人员的创新活力。研究所实施高比例的奖励，在政策允许范围内加大科研人员收益分配力度，将成果转化净收入的70%奖励给成果完成者，并允许科研人员将成果转化收入的最高50%转为横向研发经费，增强了科研人员的获得感。其中，灵活的横向项目管理制度赋予了科研人员更广泛的决策自主权，使科研人员能够针对不同类型的项目选择适合的资金使用方式。这些创新性的举措不仅为科研人员提供了充裕的科研经费，更为科技成果的快速转化提供了强大动力，使得工生所在短短几年内迅速集聚了科技、资本等创新要素资源，在多个关键领域取得了重要突破。

工生所紧密围绕国家战略需求和区域经济发展，聚焦石油化工、轻工纺织、生物医药及新材料等关键领域，通过核心技术与关键技术的突破，初步构建了绿色生态工业模式。在科技成果转化方面，工生所开展了广泛而深入的活动，不仅实现了在多个领域的全面战略布局，还确保了科技成果的有效转化与应用。截至2024年1月，工生所已与全国28个省市的250余家企业签署了400余项许可、委托、合作等协议，知识产权转化运用收益连续7年在中国科学院上百家研究所中名列前茅，展现出强大的技术转移能力，并于2017年获评"天津市首批技术转移示范机构"。

工生所在推进科技成果转化的实践进程中，深刻洞察并高度重视科研人员作为创新驱动发展战略中的核心主体的关键作用。基于此认识，工生所在利益分配机制上进行了深入探索与大胆创新，精心设计了旨在充分调动科研人员积极性的制度框架。这一制度框架不仅充分考虑了科研成果的市场价值与社会效益，更重要的是，它还确保了科研人员能够公平、合理地分享其智力劳动成果所带来的经济回报，从而打破了传统体制下的诸多束缚，极大地提升了科研人员的获得感和满意度，为科技成果转化提供了源源不断的动力。

习近平总书记在经济社会领域专家座谈会上发表重要讲话指出，要大力培养和引进国际一流人才和科研团队，加大科研单位改革力度，最大限度调动科研人员的积极性。《中华人民共和国促进科技成果转化法》和《天津市促进科技成果转化条例》均明确规定，政府设立的研发机构、高等院校可以按照一定标准对完成、转化职务科技成果作出重要贡献的人员给予奖励和报酬，为加大对科技成果转化作出重要贡献的科技人员的奖励提供了法律保障。但法律真正落地还需要高校院所结合自身实际制定单位内部实施细则，打通“最后一公里”。在此背景下，工生所实施了高比例的奖励，并建立了灵活的横向项目管理制度，赋予了科研人员更广泛的决策自主权。

2013 年 4 月，正式建所不久的工生所制定了《成果转移转化管理暂行办法》，率先在中国科学院院属单位中实现了将成果转化总收入的 49% 奖励给成果完成者，这一举措极大地提升了科研人员参与成果转化的积极性。《中华人民共和国促进科技成果转化法》《实施〈中华人民共和国促进科技成果转化法〉若干规定》《中国科学院关于新时期加快促进科技成果转移转化指导意见》等发布实施后，工生所积极贯彻落实，对成果转移转化制度进行了修订，进一步提高了奖励比例，将成果转化净收入的 70% 奖励给成果完成者。这种高比例的奖励，使得科研人员能够直接从科技成果转化中获得可观的经济回报，从而大大激发了他们的创新创造热情。

除了高比例的奖励外，工生所还创新性地设计了成果转化收入的使用方式。根据工生所成果转化制度，科研人员可以将成果转化收入的最高 50% 转为横向研发经费，用于后续的科研活动。这种灵活的资金使用方式，不仅为科研人员提供了更加充足的科研经费，还让他们在科研工作中有了更多的获得感。同时，对于已经确认结题的研发类横向项目，如有结余经费，项目负责人还可以选择基于结余经费按照研究所奖励政策申请奖励，或由研究所设立自主课题全额返还给课题组。这种灵活的资金使用机制，进一步增强了科研人员的创新动力和工作积极性。

在短短几年内，工生所迅速集聚科技、资本、人才等创新要素资源，在工业生物领域形成了核心技术能力，在绿色生物合成、绿色生物工艺等方面取得了重要突破，搭建了科技成果快速转移转化的快车道。截至目前，研究所以技术开发、专利许可、技术入股等多种模式，在生物医药、化工、纺织、发酵产业等领域与 28 个省市的 250 余家企业以技术许可、技术转让、研究开发等多种模式建立 400 余项合作，合同交易额总计 24.6 亿元，授权专利实施转化率达到 44.5%。根据《中国科技成果转化年度报告 2023（高等院校与科研院所篇）》，在全国 1 524 家高校和科研院所中，工生所以转让、许可、作价投资方式转化科技成果合同金额位列第九。

【案例启示】开展科技成果转化激励是调动科研人员科技成果转化积极性的有效手段。工生所在实施科技成果转化激励方面，提供了三点值得广泛学习与借鉴的经验。一是注重政策可落地。积极落实《中华人民共和国促进科技成果转化法》和《天津市促进科技成果转化条例》的有关规定，通过制定详细的管理办法，让科研人员获得成果转化收益有据可依、有章可循，有利于科研人员形成合理的科技成果转化收益分配预期，增强科研人员开展科技成果转化的信心。二是突出向科研人员让利，工生所在政策允许范围内加大科研人员收益分配力度，将科技成果转化现金收益的 70% 奖励给科研人员，增强科研人员获得感，有效激发了其创新转化的热情。三是在落细落实上下功夫。对开展成果转化收益分配的条件、程序、方式、标准等作出明确规定，保证科技成果转化收益分配公平、公正，为科技成果转化活动的顺利开展奠定了坚实基础。

三、国际生物医药园：政策响应下的创新发展典范

【摘要】2023 年 5 月 12 日习近平总书记考察石家庄市国际生物医药园时，强调要加强基础研究和科技创新能力建设，特别是要加强中医药传承创新发展。在政策指引下，石药控股集团有限公司（简称“石药集团”）、神威药业集团有限公司（简称“神威药业”）等企业积极响应，推动基础研究与科技创新，助力生物医药产业高质量发展。同时，石家庄市推出了一系列人才新政，吸引了大量高端人才，并通过“揭榜挂帅”制度推动企业和科研机构联合攻关技术难题，促进了产业链与人才链的深度融合。此外，园区积极推动构建具有国际竞争力的生物医药产业集群，成为地方经济发展的重要引擎。

石家庄市国际生物医药园自启动规划以来，便确定了以抗体、疫苗及佐剂、高端仿制药品、中成药制剂等七大细分领域为核心的发展方向，致力于打造涵盖研发、孵化、产业化、销售以及配套服务的完整产业链生态。该园区不仅成功吸引了国内外多家知名企业入驻，同时通过优化产业布局，为生物医药企业的聚集与发展提供了强大的基础设施支持和政策保障。

石家庄市国际生物医药园的建设，不仅是促进地方经济发展的重要布局，也响应了习近平总书记关于加强生物医药基础研究和创新能力建设，特别是要加强中医药传承创新发展的战略要求。

2023 年 5 月 12 日，习近平总书记在河北考察期间参观了石家庄市国际生物医药园规划展馆，详细了解了园区生物医药产业的发展情况及药品研发生产进展。习近平总书记指出："生物医药产业是关系国计民生和国家安全的战略性新兴产业。要加强基础研究和科技创新能力建设，把生物医药产业发展的命脉牢牢掌握在我们自己手中。要坚持人民至上、生命至上，研发生产更多适合中国人生命基因传承和身体素质特点的'中国药'，特别是要加强中医药传承创新发展。"

在此讲话精神的指引下，石家庄的医药企业积极响应，致力于强化基础研究与科技创新。石药集团在过去一年间推出了多个突破性产品，包括中国首个 mRNA（信使核糖核酸）疫苗和全球首个 IgG4 RANKL 抑制剂纳鲁索拜单抗注射液等，展现出强大的创新实力。依托纳米药物平台等八大创新平台，石药集团目前在研项目达 130 余项，预计未来五年内将有近 50 款创新药陆续申报上市，为高质量发展提供源源不断的动力。

与此同时，一直以中药现代化为己任的神威药业以创新为核心，加快推进中药创新发展。一年来，神威药业 1.1 类创新药异功散颗粒获批临床试验许可，3.1 类中药新药经典名方一贯煎颗粒获批上市，多个项目进入三期临床阶段，目前还有在研项目百余项，展现出中医药企业在传承与创新中的加速度。

习近平总书记高度重视人才建设，强调"人才是第一资源"。石家庄市响应这一精神，于 2023 年 11 月推出了涵盖产才融合发展、创新引才渠道等六大方面的 15 条人才新政，旨在吸引全球高端人才。这一政策为生物医药产业的发展提供了强有力的智力支持，同时推动了产业链与人才链的深度融合。

同月，石家庄市政府与清华大学签署了全面合作框架协议，河北清华发展研究院正式落地石家庄。石家庄还通过人才绿卡综合性提升工程为来此发展的高端人才提供就医、住房等全方位的保障，至今已发放近 2 万张人才绿卡，其中 1 552 人来自生物医药领域，并引进了生物医药领域院士、诺贝尔奖获得者、国家级人才项目入选者等顶尖人才 115 人。

此外，石家庄市大力推动“揭榜挂帅”制度，重点攻克生物医药领域的“卡脖子”技术难题，鼓励企业提出重大关键核心技术难题，开出技术需求榜单，以便在全球范围寻找“揭榜英雄”，推动企业和科研机构联合攻关。据报道，石家庄市首批“揭榜挂帅”制科技项目共征集技术需求 126 个，推荐科技项目 28 个，其中技术攻关类项目 21 个，成果转化类项目 7 个，榜单总额高达 1.44 亿元，其中市财政按照最终揭榜榜额的 40% 予以配套支持。

例如，石家庄四药集团通过这一机制，打破了渗透泵制剂方面的核心技术壁垒，成功研发出创新的能在体内均匀恒速释放药物的口服渗透泵控释制剂，进一步提升了企业的技术竞争力，并为整个生物医药行业的发展树立了典范。

“加快打造具有国际竞争力的战略性新兴产业集群”，是习近平总书记对推动新质生产力发展和促进高质量发展的关键指示。为此，石家庄市国际生物医药园进行了系统规划，以建立具有国际竞争力的生物医药产业集群为核心目标，持续优化创新生态，推动产业链现代化升级。

石家庄提出了“房地产开发为产业发展让路、插花式开发为集中开发让路、土地供应优先保障产业所需”的战略思路，专门拨出 1.47 万亩（1 亩≈667 平方米）土地，用于推动产业发展。石家庄规划了医药研发创新孵化区和创新生物药及 CXO 产业区等，为产业集群的壮大提供了有力支持。同时，园区不断优化产业布局，打造了以石家庄高新区研发孵化高端生物医药核心区和经开区生物医药生产加工集聚区为主导，以栾城区现代中药、赵县生物发酵、晋州市生物医药中间体为辅，特色鲜明、协同发展的“两主三辅”产业集群。

目前，依托石家庄在生物医药领域的深厚基础，国际生物医药园已经建成一条集研发、孵化、生产、销售及服务为一体的完整产业链。绿叶制药集团有限公司、华普生物技术（河北）股份有限公司（简称“华普生物”）等一批世界领先的高科技企业纷纷入驻，园区已经聚集了 243 家生物医药企业，并成功承接了 60 多个来自京津的生物医药转化项目。

华普生物之所以选择落户石家庄市国际生物医药园，正是看中了园区提供的“研发—中试—生产”的全流程体系。企业投产后，又吸引了多家上下游配套企业在园区落户，并与30多家科研和投资机构展开合作，涵盖从早期研发到临床、再到销售的全生命周期新药项目。石家庄持续强化链主企业的培育，完善产业链配套，推动产业从“串珠成链”到“结链成群”的转型。正如石家庄高新区管委会副主任感慨：“过去我们求着项目来，现在优质项目纷至沓来。”

【案例启示】习近平总书记提出的加强生物医药基础研究和创新能力建设，特别是要加强中医药传承创新发展的战略要求，为园区企业指明了发展方向。在此讲话精神的指引下，石药集团、神威药业等企业积极开展生物医药领域的创新研究，凸显了政府的政策引导对产业发展战略选择的重要性。此外，产业发展的核心不仅在于技术创新，还需要人才资源的有力支持，政府在人才引进与培养上扮演着至关重要的角色。具体而言，石家庄推出15条人才新政、人才绿卡综合性提升工程和“揭榜挂帅”制度，吸引高端人才，推动企业与科研机构联合攻关，实现了产业链与人才链的深度融合。同时，石家庄市国际生物医药园通过优化产业布局，形成了从研发到生产、销售再到服务的完整生态体系，吸引了大量国内外知名企业入驻，推动了地方经济的持续发展。这启示我们，产业园区的成功建设还需要通过完善的产业链条和基础设施布局，构建具备竞争力的产业生态系统，以此推动区域经济高质量发展。

第四节 科技成果转化区域创新模式案例

一、中关村国家自主创新示范区：“一区多园”布局下的科技成果转化模式

【摘要】中关村国家自主创新示范区（简称“中关村示范区”）作为北京科技创新的核心区域，通过实施“一区多园”的空间布局策略，形成了多层次、多功能的创新网络。其通过在不同区域建立创新分园，打破了单一园区的限制，促进了创新资源的优化配置和高效流动。同时，中关村示范区构建了以

"四平台一载体"为核心的协同创新体系，加速了科技成果的转化与产业化。在强有力的政策引导和支持下，中关村示范区成功孵化了一批具有国际竞争力的高新技术企业，并在多个领域实现了重大技术突破，为全国科技成果转化提供了宝贵经验。

中关村示范区是中国高科技产业中心，是中国第一个国家级高新技术产业开发区、第一个国家自主创新示范区、第一个国家级人才特区，是我国体制机制创新的试验田，也是京津石高新技术产业带的重要组成部分。中关村示范区被誉为"中国硅谷"，通过构建完善的科技成果转化体系，促进了科技成果的商业化和产业化，有效推动了区域经济的高质量发展，为全国科技创新提供了示范和引领。

中关村示范区作为北京乃至中国科技创新的璀璨明珠，其"一区多园"的空间布局策略展现了前瞻性的战略智慧。"一区多园"是中关村示范区在地理布局上的独特模式，它通过在北京市范围内多个区域建立创新分园，形成了以中关村核心区为中心、多个分园为支撑的创新网络。该创新网络不仅跨越了中关村科学城、怀柔科学城、未来科学城等多个科技创新核心区域，还巧妙地将北京经济技术开发区、顺义区等纳入其中，是一个多层次、多功能的创新网络。

"一园多区"的模式旨在通过区域资源的优化配置，打破单一园区的限制，推动科技创新的区域协同发展。中关村示范区分园区的发展各具特色，如中关村科学城作为科技创新的领头羊，专注于人工智能、量子信息等前沿技术的探索；怀柔科学城致力于物质科学、能源科学等基础研究的深化，为科技创新提供坚实的理论支撑；未来科学城则聚焦于生物技术、生命科学等新兴产业，推动科技成果的快速转化。各园区聚焦不同科技领域和产业方向。这种布局不仅促进了创新资源的高效流动与优化配置，还加速了科技成果的跨界融合与产业化，为中关村示范区的高质量发展注入了强劲动力。

"一区多园"的模式不仅扩大了中关村示范区的创新半径，还通过园区间的协同合作，进一步提升了创新资源的流动性和利用率。不同园区之间的分工合作也有利于科技成果在不同产业领域中快速推广，形成跨区域的产业链和创新链。例如，中关村科学城内的科研成果可以在未来科学城或怀柔科学城的产业基地中实现大规模应用和生产，从而推动北京市甚至更广泛区域的经济增长。这种基于地域分布的创新网络不仅提高了北京市的整体创新水平，还促进了跨区域协同创新发展，充分发挥了中关村示范区在中国创新体系中的引领作用。

为了进一步推动科技成果从实验室向市场的高效转化，中关村示范区构建了以“四平台一载体”为核心的协同创新体系。在这一体系中，成果转化平台、创业孵化平台、产业创新平台、科技服务平台以及产业空间载体（图 5-2）共同作用，形成了科技成果转化的高效网络。

中关村壹号　金隅智造工场　大北农生物农业创新园　通明湖国家信创园

北京亦庄生物医药园　汇龙森科技园　北京亦庄新药研发生产基地　中关村生命科学园

北大医疗产业园　昌平生命谷产业基地

图 5-2　中关村示范区空间载体

其中，成果转化平台通过提供全方位的概念验证服务，涵盖技术可行性分析、工程样机生产、小批量试制等关键环节，显著提升了早期科技成果的技术成熟度，帮助项目在进入市场前降低潜在风险。创业孵化平台深耕垂直、细分产业领域，配备专业团队为初创企业及团队提供培训、辅导、路演、投资和资源对接等一站式服务，助力初创项目快速成长。产业创新平台紧密围绕产业技术需求，提供共性技术的研发支持、技术中试和规模化试生产等市场化服务，推动技术成果的迅速应用与更新迭代。科技服务平台则整合了多类科技创新资源，为各类创新主体量身打造专业化服务，覆盖技术转移、知识产权保护、标准化实施及检测认证等领域，全面助力科技创新与成果转化。此外，产业空间载体作为核心功能载体，有效集聚产业创新资源，促进产业集群发展，为科技成果转化提供坚实的物理与制度基础。这一体系的建立与运行，为中关村示范区乃至全国的科技成果转化树立了典范。

中关村示范区在科技成果转化方面取得的显著成效，也离不开强有力的政策引导和支持。近年来，北京市政府和中关村示范区制定并实施了一系列鼓励科技成果转化的政策措施，为科技成果转化提供了坚实的法制保障。

其中，《北京市促进科技成果转化条例》不仅赋予了高校和科研机构自主转化科技成果的权利，还通过简化审批程序、完善职称评定体系等措施，进一步激发了科技人员的创新活力。该条例明确指出，高校和科研院所可以自主决定科技成果的转化方式，无须审批或备案。同时，该条例还创新性地提出对技术经纪人实施职称评定，旨在吸引更多专业人才投身科技成果的转移与转化事业。这一系列制度安排，为科技成果的有效转化提供了坚实的制度支撑，有力地促进了科研界与产业界的深度融合。

2022 年，北京市科委、中关村管委会等部门于全国范围内率先颁布并实施了《标杆孵化器培育行动方案（2022—2025 年）》，中关村示范区探索布局构建 23 家标杆孵化器，以促进创新生态的深度优化。据北京市科委与中关村管委会发布的权威数据，经过一年多的培育与发展，这 23 家标杆孵化器成效显著，累计孵化企业数量达到 930 家，举办各类创业辅导、早期投资及资源对接活动共计 303 场，广泛惠及并深度服务了 6 234 家企业，有效促进了创新资源的高效配置与知识溢出。此外，科创金融改革也是中关村先行先试的重要着力点。2023 年 10 月底，北京市正式颁布了《北京市中关村国家自主创新示范区建设科创金融改革试验区实施方案》，从七个维度提出了 37 项核心任务，旨在通过五年的深化改革，逐步构建起一套金融有效支持科技创新的体制机制。

中关村示范区已成功孵化了一批具有国际竞争力的高新技术企业，并在多个领域实现了重大技术突破。各类高新技术成果不仅为北京市经济发展注入了强劲动力，也为全国的科技创新提供了宝贵经验。

截至 2024 年 7 月，中关村示范区内已集聚国家高新技术企业超过 1.96 万家，独角兽企业达 92 家，其中包括众多在全球范围内具有较高影响力的科技企业，如百度、字节跳动、小米和京东等。2023 年中关村示范区分园规模以上企业总收入达到 8.7 万亿元，充分展现了其强大的经济实力和创新能力。

中关村示范区的成功不仅仅体现在个别企业的成长上，还体现在其通过创新的孵化模式和政策引导，打造了适应全球竞争的高新技术产业集群。以中关村西区人工智能产业园为例，这一园区自 2023 年 9 月正式揭牌以来，迅速聚集了上海天数智芯半导体有限公司（简称“天数智芯”）、北京潞晨科技有限公司、北京太琦图形科技有限公司等众多领先的人工智能创新企业，形成了国内人工智能领域的重要推动力量。园区内企业不仅技术实力雄厚，还致力于研发创新，推出了多项具有国际竞争力的产品和解决方案。例如，天数智芯作为领先的通用 GPU 高端芯片及超级算力系统提供商，其自主研发的 GPU 芯片在性能上已接近国际市场主流产品，广泛应用于多个行业领域，大幅降低了用户开发成本并缩短了开发周期。此外，园区内还涌现出许多专注于人工智能垂直领域的企业，如专注于医疗和金融领域垂直大模型的无限光年（上海）技术有限公司，以及在具身智能领域研发通用功能级机器人的北京千诀科技有限公司等，这些企业共同构成了中关村人工智能产业集群的多元化生态。

【案例启示】中关村示范区的“一区多园”布局与科技成果转化模式为科技创新区域协同发展提供了重要启示。首先，该模式强调了区域资源的优化配置，通过在不同区域建立创新分园，促进了创新资源的跨区域流动和协同合作，有助于打破地域限制，实现资源共享与互补。其次，中关村示范区构建的“四平台一载体”协同创新体系为科技成果转化提供了有力支撑，加快了科技成果的产业化进程。这启示我们在推动科技成果转化时，应注重构建完善的创新服务体系。再次，中关村示范区的成功还得益于强有力的政策引导和支持，凸显了政策在激发创新活力和推动科技成果转化中的重要作用。最后，中关村示范区通过打造适应全球竞争的高新技术产业集群，提升了区域经济的整体实力和创新能力，这一做法为我们在产业集群的培育和发展方面提供了宝贵的经验。

二、天开高教科创园：天工开物，培育科转沃土

【摘要】天开高教科创园（简称“天开园”）坚持“一核两翼多点”战略布局，联动多个创新基地，形成从科技成果孵化到产业化的完整链条。同时，园区注重引导高校科研成果与市场需求的紧密衔接，通过产学研深度合作，激活天津创新的内生动力。天开园还作为京津冀协同创新的重要平台，促进创新资源在区域内的流动与融合。此外，天开园依托持续升级的政策支持体系，推动科研成果高效转化为市场应用产品，为天津市经济高质量发展注入强劲动力。

天开园是天津市重点打造的科技创新与成果转化示范园区，致力于推动高新技术企业的孵化与发展，形成创新驱动与产业升级的融合发展模式。园区注重科技成果的转化与产业化，依托完善的政策支持体系和创新服务平台，吸引了大量优质科技资源和创新人才入驻。通过不断优化创新与转化环境，天开园已经成为天津市科技创新和企业发展的重要引擎。

天开园通过“一核两翼多点”的战略布局，构建了辐射全市的创新网络，承担着推动高校科技成果转化与中小企业培育的重要任务，联动天津海洋园、福星 IC、中新天津生态城、启迪辰星等创新基地，建立起从科技成果孵化到产业化的完整链条，共同打造了“孵化—产业化”一体化的“1+1”模式。

这一模式的核心在于通过核心区的创新策源和全方位孵化功能，以及多点布局的产业化承接，将天开园构建为一个闭环的创新生态系统。天开园为中小企业提供从创意萌芽到市场应用的全方位支持，推动高校和科研机构的科研成果高效转化为市场应用产品。这一布局不仅优化了资源配置，还加速了科技成果向现实生产力的转化，为天津市经济高质量发展注入了强劲动力。

在推动科技成果转化方面，天开园充分依托天津大学、南开大学等国内外知名高校的科研力量，构建科创联合体并推动产学研深度合作，激发天津创新的内生动力。

天开园通过引导高校科研成果与市场需求紧密衔接，推动新技术、新产品、新业态不断涌现。作为知识创新的核心源头，高校的科研资源与高端人才为天开园提供了持续的科技成果转化支撑。成功组建了多个科创联合体，包括

"冷链产业科创联合体""人工智能科创联合体""天开-航天产业赋能中心""生物工程产业联合体"，并加入"天津市安全应急装备产业创新联合体"，实现了产学研用的深层次融合，为创新项目提供了从研发到市场的全面对接。

为加快科研成果与产业需求的精准对接，天开园多次携手企业探访高校。针对智慧医疗设备项目，促成相关企业与天津理工大学合作，目前项目产品已在天津市第一中心医院、武汉市第一医院、同济医院投入使用。为武汉柔电科技有限公司对接河北保定，获得了沧州市"揭榜挂帅"项目的支持，其解题后可获得200万元资金。此外，推动天津世纪伟康生物科技有限公司与清华大学、南开大学围绕合成生物技术展开产学研合作，相关技术目前处于国际领先地位，年产值达到千万元。

天开园是京津冀协同创新的重要平台载体，也是重要抓手。其在服务天津高校成果转化的同时，也为京冀的创新成果提供孵化服务。同时，天开园发挥天津制造业场景应用优势，吸引北京的产业链延伸到天津布局，为构建京津冀融合化、链群化、协同化的产业发展生态提供有力支撑。

天开园为京津冀协同创新培育了丰沃土壤。以天开集思拓（天津）新材料科技有限公司入驻为例，该公司总经理孔繁华带领团队从北京迁入天开园，不仅享受了园区提供的免费办公场所和租金优惠的厂房，还迅速通过园区活动结识新客户并签下订单。其研发了相变储能控温系统，在天开园的帮助下，与天津长芦海晶集团有限公司等企业达成合作，解决了盐田虾养殖中的热能问题，预计大幅节省电费。这彰显了天开园在推动京津冀科技成果转化中的关键作用，促进了创新资源在区域内的流动与融合。

此外，南开区充分利用天开园建设的契机，积极推动其融入天津市京津冀产业合作的重点平台。自开园以来，南开区联合天津市发展和改革委员会、天津市科学技术局、天津市工业和信息化局以及北京银行，共同举办了专精特新天津行暨首届领航者峰会，吸引了国新证券股份有限公司、航天投资控股有限公司等215家企业参与。参会企业还参加了天开园的参观活动，全面了解其在载体建设、文化氛围及创新环境等方面的优势。与此同时，南开区以天开园核心区的提升改造及配套产业园等项目为依托，先后与中国建筑股份有限公司、中国铁建股份有限公司、中国交通建设股份有限公司等央企的分支机构签署了3项战略合作意向协议，计划总投资额达到286.96亿元。

在政策方面，天开园持续优化和升级支持政策，赋能科技成果转化和企业发展。升级后的政策对企业的支持范围更广，支持力度更强，支持精准度更高，全面推动更多优质科技成果从实验室向生产线转化。

2024年，天津市人民政府印发了《关于进一步支持天开高教科创园高质量发展的若干政策措施》。这一政策是在总结与评估2023年34条政策实施成效的基础上构建的天开园政策2.0版本。升级后的政策着重于鼓励横向科研项目结余经费用于科技成果转化，支持园区企业开展高价值专利布局，并加大对优秀科技成果与创新企业的扶持力度。这些政策的实施成功激发了科研人员的转化积极性与市场开拓意识，推动了更多高质量科技成果的快速转化与应用。同时，天开园还注重政策与市场的有机结合，通过搭建科技成果交易平台，举办各类创新创业大赛等活动，为企业提供了更加广阔的市场空间与展示平台。

在天开园的政策升级中，金融支持也成为重点领域之一。其中，新政策包括在天津区域性股权市场设立“天开园科创板块”，以加快培育具有上市潜力的企业；通过设立创投机构和创投基金“一站式服务窗口”，吸引创投资本与金融机构的入驻；同时，实施国有创投基金投资园区科技企业的政策，允许按照相关规定签订股份转让协议，并按协议执行，进一步引导国有创投和担保机构为园区企业提供服务。

【案例启示】天开园通过构建“一核两翼多点”的战略布局，成功打造了从科技成果孵化到产业化的完整链条，实现了创新资源的优化配置和高效利用。园区注重引导高校科研成果与市场需求的紧密衔接，通过产学研深度合作，促进了科技创新与市场需求的有效对接，为产业升级提供了源源不断的动力。天开园充分发挥京津冀协同创新的重要平台作用，促进了创新资源在区域内的流动与融合，为区域经济一体化发展注入了新的活力。最后，天开园依托持续升级的政策支持体系，不断优化创新环境，为科研成果的高效转化提供了有力保障，推动了天津经济高质量发展。这些经验对其他地区推动科技创新与成果转化、促进产业升级具有重要的借鉴意义。

三、河北·京南国家科技成果转移转化示范区：政策引领、平台支撑、协同创新、区域赋能的科技成果转化体系

【摘要】河北·京南国家科技成果转移转化示范区（简称“京南示范区”）通过政策引导、平台建设和协同创新，构建了高效的科技成果转化体系，助力区域经济发展。京南示范区依托政策支持，为科技成果转化提供了明确的方向和资金保障；平台建设则通过多层次载体体系，优化了科技成果从研发到市场的转化路径；协同创新机制的建立，促进了政府、企业、高校、科研机构间的深度合作，推动了区域科技创新与产业化的有机结合。这一系列举措有效提升了科技成果的市场应用效率，加快了区域高新技术产业的发展和经济结构优化。

京南示范区作为京津冀协同发展战略中的重要节点，自设立以来，便以其独特的区位优势和前瞻性的建设思路，在科技成果转化领域取得了显著成就。该示范区积极响应“京津研发，河北转化”的协同发展战略，通过出台一系列精准的政策措施、构建多元化的转化平台、深化协同创新机制以及推动区域产业升级，不仅加速了科技成果的流动与转化，更为区域经济的持续发展注入了强大的科技动力。

京南示范区自设立以来，积极响应京津冀协同发展战略，坚持“京津研发，河北转化”的建设思路，出台了一系列政策措施以引导和支持科技成果转化。

《河北·京南国家科技成果转移转化示范区建设方案（2022—2025 年）》明确指出，示范区将围绕石家庄市、廊坊市、保定市、沧州市、衡水市及雄安新区“五市一区”全域展开建设，并设定了具体的量化目标，如到 2025 年，吸纳京津技术合同成交额增长 15% 以上，技术合同成交总额达 1 000 亿元等。

在政策引导方面，京南示范区不仅关注科技成果的引进和转化，还注重成果转化后的市场应用和经济效益。例如，示范区对重大科技成果转化项目给予资金支持，一次性支持力度可达 200 万元至 500 万元，有效调动了企业和科研机构的积极性。此外，京津冀协同发展科技创新协同专题工作组推出《促进科

技成果转化 协同推动京津冀高精尖重点产业发展工作方案（2023 年）》，从供需清单机制、服务体系建设、产业协同创新等方面提出多项具体措施，进一步强化区域科技成果转化的协同合作。

京南示范区在平台建设上采取了多元化策略，构建了包括创新创业平台、技术转移机构、中试熟化基地等在内的多层次科技成果转化载体。这些平台不仅为科技成果的落地提供了物理空间，还通过专业化服务促进了科技成果从实验室到市场的无缝对接。

首先，京南示范区积极建设创新创业平台，形成了“1+5+4+33”的重点承接平台体系，即以雄安新区为核心，以北京大兴国际机场临空经济区等 5 个协作平台为重点，辅以 4 个特色专业平台和 33 个个性化平台。这些平台不仅为科技成果转化提供了物理空间，还通过资源共享、协同创新等机制，促进了科技成果的快速落地和产业化。

其次，京南示范区注重技术转移机构的建设和发展。截至目前，示范区已吸引大量技术转移机构入驻，并致力于提升技术经理人的专业能力和服务质量。这些机构在科技成果评估、对接、谈判等方面发挥着重要作用，有效降低了科技成果转化的交易成本和风险。

最后，京南示范区还积极推进中试熟化基地建设，以解决科技成果转化中的“最后一公里”问题。例如，沧州临港开发区中试熟化基地通过与南开大学等高校合作，建设标准化厂房和公共工程设备，为化工、医药等领域的高附加值项目提供中试熟化服务，有效促进了科技成果的转化落地。

京南示范区在科技成果转化过程中注重协同创新机制的建立与完善。通过打造“政产学研用”一体化的协同创新体系，示范区实现了多主体、多维度的合作，构建了开放式的创新生态。

在这一体系中，政府发挥了引导作用，整合各类创新资源，搭建了开放共享的平台。企业作为需求方，则通过与高校和科研机构的合作，获取最新的技术解决方案。同时，科研机构也积极参与产业化过程，将实验室的科研成果与企业的实际需求结合起来。这种多方合作的模式，避免了传统上科技成果转化中出现的“孤岛”现象，显著提高了科技成果转化的成功率。

协同创新机制的另一亮点在于其国际化布局。京南示范区通过引进国际合作项目，与多个发达国家的科技机构建立了合作关系，吸引了大量国际技术和资金流入。这不仅拓展了科技成果转化的渠道，也提升了示范区在全球科技成果转移转化网络中的地位。

此外，京南示范区通过推动科技成果转化，有效地带动了区域经济的发展，在高新技术产业和绿色经济领域表现尤为突出。通过将科技创新与产业结构调整结合，示范区成功地实现了传统产业的技术升级和新兴产业的快速发展。

首先，科技成果转化助力了传统制造业的转型升级。通过引入智能制造技术，示范区内的多个传统制造企业实现了生产流程的智能化、自动化和绿色化，不仅提高了生产效率，也大幅减少了能源消耗和环境污染。在新兴产业方面，示范区重点发展新能源、生物医药、人工智能等战略性新兴产业，通过科技成果的快速转化，这些产业已经成为区域经济的新增长点。

其次，科技成果转化还促进了区域创新创业氛围的形成。在示范区的推动下，大量初创科技企业得以快速成长，成为推动区域经济发展的重要力量。这些初创企业依托示范区的技术平台和创新资源，迅速在市场中占据一席之地，并带动了上下游产业链的协同发展。与此同时，示范区内的创新创业孵化体系也在不断完善，通过创业孵化器、加速器等平台，进一步提高了科技成果的转化效率和质量。

【案例启示】京南示范区自2016年批复以来不断推动区域内科技成果转化。首先，政策引导与资金支持是激发科技成果转化活力的重要保障。出台一系列针对性强、力度大的政策措施，有效调动企业和科研机构的积极性，降低科技成果转化风险。其次，构建多元化的转化平台体系是加速科技成果转化的关键。创新创业平台、技术转移机构、中试熟化基地等多样化平台的建设，为科技成果的落地提供基本的物理空间和有力的专业服务支持。再者，深化协同创新机制是实现科技与经济深度融合的有效途径。构建“政产学研用”一体化的协同创新体系，消除传统上科技成果转化中的“孤岛”现象，促进多主体、多维度的合作与交流。最后，推动科技成果转化为区域产业升级的核心动力是示范区持续发展的必然要求。通过科技成果转化，带动传统产业的技术升级和新兴产业的快速发展，进而实现区域经济的整体跃升。

第五节 技术转移人才培养案例

一、清华大学技术转移硕士项目：创新人才培养模式，推动科技成果转化

【摘要】清华大学依托其深厚的学术底蕴和丰富的科研资源，开设了国内首个非全日制技术转移硕士项目，旨在培养复合型、国际化的科技成果转化领军人才。该项目的课程设计模块化，融合科技成果转化与金融知识，突出展现产学研结合优势，并积极拓展学生的国际化视野。总体而言，该项目构建了一套具有中国特色和国际化视野的技术转移人才培养模式，在推动中国技术转移领域的发展方面发挥了重要作用。

技术转移专业人才作为国家技术转移体系基础架构的关键要素，在创新型国家建设中扮演着至关重要的角色。近年来，随着科技成果转化“三部曲”政策的出台，国内对科技成果转化和技术转移工作的重视程度显著提升，非学历教育的技术经理人培训在全国范围内广泛开展，涵盖了从初级到高级的各个层次。这一趋势不仅促进了技术经理人队伍的壮大，也悄然引发了学历教育领域的变化，特别是技术转移硕士专业的兴起。2020 年 5 月，科技部与教育部联合发布的《关于进一步推进高等学校专业化技术转移机构建设发展的实施意见》中，明确鼓励有条件的高校开设科技成果转移转化相关课程，并开展技术转移专业学历教育，加速高层次技术转移人才培养。

在此背景下，清华大学积极响应政策号召，依托其深厚的学术底蕴和丰富的科研资源，开设了国内首个非全日制技术转移硕士项目。该项目由清华大学五道口金融学院具体承办，旨在培养一批复合型、国际化的科技成果转化领军人才，以卓越的创新思维、管理能力和金融素养，将科技成果与市场力量有效

结合，转化为生产力，助推经济高质量发展。

清华大学技术转移硕士培养体系的课程设计以模块化的培养方案为显著特色。这一体系严谨地融合了科技成果转化与金融知识，旨在培养学生在金融助力科技成果商业化方面的全流程能力。课程高度专业且系统，涵盖了从基础理论到进阶实践，再到拓展应用的多个层面的内容。

在科技成果转化基础模块中，学生将学习科技创新引论、金融学理论、财务报表分析等课程，为后续的深入学习打下坚实的理论基础。其中，金融学理论和财务报表分析等课程帮助学生理解金融在科技成果转化中的基础作用。进入科技成果转化进阶模块，学生将深入学习技术转移流程管理、知识产权管理、科技资产评估等核心课程。知识产权管理课程能够帮助学生深刻理解知识产权在技术转移中的关键作用，而科技资产评估课程则帮助学生掌握评估科技成果商业价值的核心方法。科技成果转化实践模块通过案例教学和实战演练，加深学生对理论知识的理解，并提升他们解决实际问题的能力。这一模块包括科技成果转化案例专题、科技成果转化实务等课程，通过对国内外典型技术转移案例的深入分析，学生能够从中学习到成功经验和失败教训。此外，科技成果转化拓展模块进一步拓宽了学生的知识视野，包括行为金融学、国际贸易与金融争端等课程，这些课程使学生能够在更广阔的金融和科创领域中获得启发。

此外，清华大学技术转移硕士培养体系在实践环节上展现了产学研结合的独特优势。在这一产学研深度融合的培养框架下，学生不仅在学术层面获得显著提升，更在实践中积累了丰富的实战经验，能够迅速成长为推动技术转移与创新的重要力量。

在实践环节中，学生将有机会直接对接清华大学顶尖的科技创新团队和独角兽企业，深入参与前沿科研项目及技术转移过程。这种深度的行业接触不仅帮助学生将课堂所学灵活应用于实际工作中，更引领他们洞悉科技成果转化的全貌，理解其内在的复杂性与挑战。为进一步提高学生的实践能力，项目还积极促成学生参与清华大学技术转移研究院与北京清华工业开发研究院的科创转移实践活动，让学生在亲历技术转移流程与管理的过程中，实现知识的深化与能力的飞跃。同时，五道口金融学院完善的科创金融教育与实践体系，为学生铺设了广阔的资源平台。学生将有机会与金融、科创领域的上市公司领军人物及高管团队进行面对面交流，这样的高层次互动不仅让他们紧跟行业动态，精准把握市场脉搏，更能让他们在实战导师的指点下，汲取宝贵的行业经验与智慧。这些丰富而独特的经验分享与资源共享，无疑为学生拓宽了视野，构筑了坚实的职业网络，为其未来职业生涯的稳步发展奠定了坚实基础。

同时，清华大学技术转移硕士培养体系高度重视国际化视野的培养。这一特点不仅体现在专业系统的课程设置和汇聚全球精英的师资力量上，更在清华大学的国际化规划蓝图中，获得了坚实的战略支撑与实践体现。

清华大学积极组织国际学术交流活动，邀请国外专家学者来校讲学，为学生提供了直接接触国际前沿动态的机会。这一举措不仅推动了国际学术的深度融合，还为学生争取到了参与跨国界研究与合作的宝贵机会，极大地拓宽了学生的国际视野。清华大学通过开设海外高校科创短期课程，为学生提供进入国际顶尖学府学习交流的机会，让他们在短时间内接触到最前沿的科技创新理念、方法和技术。这些课程不仅丰富了学生的学习经历，还促进了跨文化交流，帮助学生更好地理解不同国家和地区在科技创新方面的特色与优势。同时，通过与国际同行的互动，学生能够拓宽视野，形成创新思维，为未来的科技转移与商业化实践奠定坚实的基础。此外，海外科技成果研发、转化及投资机构的实地参访，更是推动了国际实践层面的探索与学习。学生有机会深入国际科技成果的研发、转化和投资一线，了解这些过程中的实际操作、面临的挑战以及成功的关键因素。这些实践经历不仅增强了学生的实际操作能力，还为他们未来在国际科技转移与金融领域的发展提供了宝贵的经验和资源。

总体而言，清华大学技术转移硕士培养体系以课程设置的专业性与系统性、实践环节的产学研结合和国际化视野的拓展为核心特色，构建了一套具有中国特色和国际化视野的技术转移人才培养模式。这种高度综合的培养体系，不仅提升了学生的理论水平和实践能力，还增强了他们在全球市场中的竞争力，在推动中国技术转移领域的发展方面发挥了重要作用。

【案例启示】清华大学技术转移硕士项目的成功实施，为高校在科技成果转化人才培养方面提供了重要启示。首先，课程设置应注重专业性与系统性的结合，确保学生能够全面掌握科技成果转化所需的基础理论与实践技能。其次，产学研结合是培养科技成果转化人才的有效途径，通过深度对接科技创新团队和企业，学生能够在实际工作中积累丰富经验，提升解决实际问题的能力。最后，国际化视野的拓展对培养具有全球竞争力的科技成果转化人才至关重要，高校应积极组织国际学术交流活动，为学生提供接触国际前沿动态的机会，并推动他们在国际科技转移与金融领域的发展。这些策略的实施，将有助于构建更加完善的技术转移人才培养体系，推动科技成果转化的高效进行，进而助推经济高质量发展。

二、南开大学技术转移人才体系建设双管齐下：外聘技术经纪人，开设“技术转移与科创金融”硕士项目

【摘要】南开大学在技术转移人才培养模式上进行了创新性探索，采用双管齐下的策略，积极构建全方位、多层次的技术转移人才体系。一方面，南开大学通过外聘技术经纪人，进行市场化队伍建设，提升科技成果转化的市场敏感度和操作效率；另一方面，学校创新性地设立了“技术转移与科创金融”方向硕士项目，致力于培养具备科技与金融交叉素养的复合型人才。这一策略确保了科技成果从实验室向市场的顺利转化，提升了高校科技成果商业化的成功率，同时为推动国家创新驱动发展战略的实施提供了坚实的人才支撑。

南开大学，作为中国顶尖学府之一，积极响应国家创新驱动发展战略，通过外聘技术经纪人进行市场化队伍建设和开创“技术转移与科创金融”硕士项目，构建了全方位、多层次的技术转移人才体系，为科技成果的高效转化提供了坚实的人才保障。

南开大学深刻认识到技术转移过程中市场机制的重要性，率先在国内高校中引入了外聘技术经纪人。传统的高校技术转移模式主要依赖校内资源和力量，这种模式往往因缺乏市场敏感性和实际操作经验而效率低下。为此，南开大学积极借鉴国际经验，通过外聘技术经纪人，组建了一支具备市场化视野、技术转移操作经验丰富的专业团队。

南开大学制定了《南开大学技术经纪人管理办法（试行）》，明确了技术经纪人的申请条件、评审流程及管理办法，并自2020年起依此启动了技术经纪人认定工作。申请人需具备研究生及以上学历（具备三年以上相关工作经验的可降低至本科），具有理工、管理、经济、法律等专业背景，并需参加过相关技术经纪人培训且获得结业证书。此外，申请人还需熟悉南开大学的科研领域，掌握一定数量的科技成果、知识产权等业务资源，并具备市场开拓能力和业务组织能力。这一严格的选拔标准确保了技术经纪人的专业素养和市场敏锐度，为科技成果的顺利转化奠定了坚实的基础。

外聘技术经纪人的引入，使得南开大学的科技成果转化模式逐步向市场化和专业化转变。这些经纪人凭借自身的专业知识和经验，帮助南开大学的科研团队更好地理解市场需求，制定符合市场预期的技术转化方案。此外，他们还利用自己在行业内的广泛人脉，为科技成果寻找潜在的合作伙伴和投资者，加快科技成果的产业化进程。这种市场化队伍的建设，不仅提高了科技成果转化的成功率，也为南开大学的科研团队提供了更为广阔的商业化视野和发展空间。

为了激励技术经纪人更好地发挥作用，南开大学不仅为其提供了良好的工作环境和政策支持，还通过设立科技成果转化奖励机制等方式，对表现突出的技术经纪人给予表彰和奖励。此外，南开大学在外聘技术经纪人的过程中，也注重对他们的培训和管理。学校会定期组织技术经纪人参加各种培训和学习活动，以提升他们的专业素养和市场洞察力。同时，学校还建立了完善的管理制度，对技术经纪人的工作进行监督和评估，以确保他们的工作质量和效率。

此外，为了进一步推动科技成果转化人才的可持续培养，南开大学在其金融学院金融专业硕士项目中创新性地设立了“技术转移与科创金融”新方向，致力于培养复合型、国际化的科技成果转化领军人才。该硕士项目紧密围绕金融服务实体经济、支持科技创新的核心目标，将金融人才培养与科技成果转化项目实践深度融合，旨在使学生具备金融思维，熟悉科技发展趋势，了解成果转化流程并具备商业管理能力，形成交叉复合素质，从而助力科技创新与金融的有效贯通与融合。

该硕士项目突出“实践导向”和“交叉复合”的培养特色，学制为2.5年，为每名学生配备校内导师和校外实践导师各一名，确保理论与实践的紧密结合。其课程体系全面而深入，涵盖了基础类、应用类和实践类三大模块。基础类课程包括金融理论与政策、财务报表分析、金融市场与金融机构、科技创新原理、企业管理等，为学生打下坚实的理论基础；应用类课程则聚焦科创与金融的实际应用，如科创企业上市融资、知识产权管理、技术创新法律与监管、科创金融理论与模式、全球科创政策与环境等，使学生掌握解决实际问题的关键技能；实践类课程涵盖科创金融案例专题、技术转移案例、商业模式创新案例、孵化器与产业园专题等，提升学生的专业实践能力。

南开大学在培养模式的设计上，以团队学习为核心，旨在通过跨学科团队的项目研究和实践，培养学生的综合能力。项目教学中，通过对大量国内外技术转移和科技创新金融案例的深入剖析，帮助学生全面理解成功与失败的关键因素，从而增强其解决问题的能力。学生还被安排到天开高教科创园或其他实践单位进行现场考察和学习，亲身参与科技成果转化过程，积累实际经验。此外，项目特别注重提升学生的实战能力，模拟科创企业上市融资和技术转移谈判等真实场景，并要求学生在学期间在天开高教科创园或其他实践单位至少实习6个月，将课堂所学知识应用于实际工作中，从而巩固所学，提升职业竞争力。

【案例启示】南开大学双管齐下的策略使科技成果转化人才培养路径更为灵活。首先，外聘技术经纪人的市场化队伍建设有效补齐了高校传统技术转移模式中市场敏锐度不足的短板。通过引入具备市场经验的专业人才，南开大学打破了科研成果与市场需求之间的壁垒，实现了科技成果的高效转化。这一举措突出了市场机制在科技成果转化中的核心作用，高校应当积极借鉴这一模式，以提高科技成果的转化效率。其次，南开大学设立的“技术转移与科创金融”硕士项目，从复合型人才培养的角度，为科技成果转化提供了长远的智力支持。通过深度融合金融与科技创新的知识体系，培养具备多学科背景的技术转移人才，南开大学不仅提升了科技成果转化过程的专业性和综合性，还为科技成果的商业化开拓道路。这一培养模式启示了高校在科技成果转化中，不仅要重视专业技术经纪人的市场化引入，还应致力于通过教育体系的创新，培养能够承担复杂技术转移任务的复合型人才。

三、河北省：基于区域特色的科技成果转化人才培养模式

【摘要】河北省在科技成果转化人才培养上，依据地区产业发展特点和实际需求，形成了具有特色的人才培养模式。中南部地区作为河北省科技创新核心区域，依托丰富的科研资源和产业基础，构建了多元化的科技成果转化人才培养模式；北部地区围绕清洁能源产业的特殊需求，形成了以清洁能源为核心的培养体系；沿海地区则注重国际化视野的培养，强化了外向型产业的科技成果转化人才培养。这些基于区域需求的精准培训项目，使河北省在科技成果转化方面取得了显著成效，不仅推动了区域经济的发展，还为全省科技创新战略提供了坚实的人才保障。

河北省在科技成果转化人才培养过程中，结合各地区的产业发展特点和实际需求，形成了具有特色的人才培养模式。通过合理规划区域产业布局和优化培训资源配置，河北省实现了中南部、北部和沿海地区在科技成果转化领域的协同发展和特色人才的精准培养。

河北省中南部地区包括石家庄、保定、邢台等城市，是科技创新的核心区域。中南部地区的产业基础雄厚，涵盖生物医药、集成电路、网络安全等高新技术产业。这些城市依托丰富的科研资源和雄厚的产业基础，构建了多元化的科技成果转化人才培养模式。

针对中南部地区科技创新活动的密集性，河北省建立了多层次、梯度化的科技成果转化人才培训体系。该体系不仅重视基础知识的学习，还注重实践能力的提升及高级策略与资源的整合。具体而言，培训体系分为初级、中级和高级三个层次。初级培训面向所有参与科技创新的人员，通过深入浅出的讲解和生动的案例分析，使学员掌握科技政策、市场需求分析、知识产权保护等方面的基础知识；中级培训则针对科技成果转化从业人员，通过模拟谈判、项目策划等实战演练，提升学员的实战能力和专业素养；高级培训则旨在培养高水平、专业特色鲜明的技术经理人队伍，涵盖科技成果转化战略规划、国际化运

作策略等高级议题。

在培训内容设计上，河北省充分结合中南部地区的产业发展特点，精准对接区域需求。石家庄作为河北省的省会城市，其生物医药产业发展尤为突出。该市依托本地高校和科研院所，通过组织针对生物医药产业的专项培训，重点培养技术经理人，帮助他们掌握成果转化过程中涉及的核心技术与市场需求。这种高度专业化的培训模式，不仅提升了生物医药技术转移的效率，还促进了当地产业的迅速发展。同时，保定市凭借其在新能源和智能网联汽车领域的优势，开展了面向该领域的技术转移人才培训，为推动河北省新能源产业的高质量发展提供了人才支撑。

为促进科技成果的快速转化与产业化应用，河北省在中南部地区积极搭建产学研合作平台。通过联合实验室、技术转移中心等平台的建设，鼓励高校、科研院所与企业之间建立紧密的合作关系，共同开展人才培养、技术研发与成果转化等工作。这种合作模式不仅促进了科技创新资源的有效整合，也提升了科技成果转化人才的专业素养和实践能力。

河北省北部的张家口、承德等地，因其丰富的自然资源，成为清洁能源产业的聚集地。该地区的风电、光电等清洁能源产业迅速崛起，为河北省的绿色发展战略提供了重要支撑。在科技成果转化方面，北部地区紧紧围绕清洁能源产业的特殊需求展开培训，形成了以清洁能源为核心的科技成果转化人才培养模式。

具体而言，张家口凭借其在风电和太阳能等清洁能源领域的优势，构建了清洁能源与电力装备的深度融合体系。承德则以绿色清洁能源和电力装备为核心，通过技术转移人才的培训，推动了产业转型升级。对此，张家口和承德开展了一系列针对清洁能源领域的技术转移人才培训活动，重点培养既懂技术又懂市场的复合型人才，使其能够在清洁能源与电力装备领域发挥桥梁与纽带作用，促进科技成果的转化与应用。

这些培训项目不仅帮助参训学员掌握了清洁能源的核心技术，还通过项目管理、市场分析等课程，为产业发展提供了充足的人才支持。此外，参训学员还将全面掌握清洁能源与电力装备领域的最新动态与发展趋势，为企业的技术创新与产业升级提供有力支撑。这种基于区域特色的清洁能源人才培养模式，使得张家口和承德在全国清洁能源产业中占据了领先地位，也为全国清洁能源的创新与发展贡献了河北经验。

河北省的沿海地区，包括秦皇岛、唐山和沧州等，是科技成果转化的前沿阵地。沿海地区依托其独特的地理位置和开放优势，形成了具有国际化特色的科技成果转化人才培养模式。

沿海地区在科技成果转化人才培养中特别注重国际化视野的培养。培训内容不仅涵盖国内外科技政策、市场需求分析等基础知识，还特别引入国际先进的科技成果转化理念和实践案例。通过邀请国际知名专家进行授课和交流，学员能够及时了解国际科技发展的最新动态和趋势，为未来的国际化合作与交流打下坚实基础。

针对沿海地区外向型产业的特点，河北省在科技成果转化人才培养中特别加强了针对外向型产业的针对性培训。例如，考虑到秦皇岛市在柔性线路板等电子产品制造业的优势地位，培训内容特别涵盖了电子产品制造业的智能化转型、技术创新与成果转化等方面的知识。这种针对性培训全方位提升了学员的专业素养和实践能力，为外向型产业在国际市场上的发展奠定了人才基础。

【案例启示】河北省通过结合各地区的产业特色与需求，建立了有针对性的科技成果转化人才培养模式，其成功之处在于区域化培训模式的设计与实践，使人才培养与产业发展形成了良性互动，进而提升了整体的科技成果转化效率。中南部地区通过构建多层次的人才培训体系，实现了从初级到高级的技术经理人的梯度培养，充分体现了人才成长与科技创新的匹配性；北部地区紧密结合清洁能源产业的发展需求，培养了既具技术专长又懂市场运作的复合型人才，促进了绿色产业的创新与升级；沿海地区则注重国际化视野的培养，通过国际先进经验的引入，进一步提升了科技成果转化人才的全球竞争力。河北省的实践表明，科技成果转化的成功不仅依赖技术本身，还需要人才的精准培养、区域特色的充分发挥以及产业需求的紧密结合。这一模式对其他地区的人才培养和产业升级具有重要借鉴意义。

参考文献

[1] 中华人民共和国促进科技成果转化法 [EB/OL].（2019-12-17）[2024-09-08]. http://www.gd.gov.cn/zwgk/wjk/zcfgk/content/post_2720333.html.

[2] 王浩，赵红美，陈华，等 . 京津冀协同发展下科技成果转移转化现状、问题及提升路径研究 [J]. 天津经济，2022，342（11）：33-37.

[3] 姚思敏 . 京津冀科技成果转化政策比较与评价研究 [D]. 天津：天津商业大学，2021.

[4] 尹腾飞 . 京津冀高新技术产业发展能力研究 [D]. 秦皇岛：燕山大学，2017.

[5] 崔志新 .“十四五”时期京津冀产业协同发展研究 [J]. 城市，2021（3）：3-13.

[6] 2016 年度国家科技成果转化引导基金拟设立创业投资子基金公示 [EB/OL].（2016-12-02）[2024-09-10]. https://most.gov.cn/tztg/201612/t20161202_129336.html.

[7] 中关村国家自主创新示范区京津冀协同创新共同体建设行动计划（2016—2018年）[EB/OL].（2016-11-23）[2024-09-10]. https://kjycyy.cumtb.edu.cn/info/1017/1382.htm.

[8] 王璐丹 . 促合作 搭平台 谋转化 河北交出京津冀协同创新成绩单 [EB/OL].（2024-06-13）[2024-09-30]. https://zrzy.hebei.gov.cn/heb/xinwen/bsyw/szfxw/1099856136740433 1008.html.

[9] 张小燕，欧阳欢，廖子荣，等 . 技术转移人才培养体系构建与实践研究 [J]. 农业开发与装备，2024（5）：72-75.

[10] 郑金武 . 技术转移人才培养的“北京实践”[EB/OL].（2020-03-30）[2024-09-30]. https://news.sciencenet.cn/htmlnews/2020/3/437664.shtm.

[11] 魏海燕 . 科技计划专利产出的评价指标体系研究 [J]. 科学学与科学技术管

理，2009，30（4）：15-19.

[12] 于凤霞.加快形成新质生产力：是什么、为什么、做什么？[EB/OL].（2024-02-06）[2024-09-13]. https://www.ndrc.gov.cn/wsdwhfz/202402/t20240206_1363980.html.

[13] 叶堂林，江成.协同创新推进京津冀发展 [EB/OL].（2024-01-06）[2024-09-13]. http://theory.people.com.cn/n1/2024/0106/c40531-40153858.html.

[14] 刘智.京津冀科技协同与创新发展对策建议：基于三地创新产出的实证分析 [J].科学管理研究，2021，39（6）：70-74.

[15] 王秀玲.京津冀科技协同创新发展路径研究 [J].河北经贸大学学报，2015（6）：118-120.

[16] 臧学英.推进京津冀成为世界级创新平台和增长极 [J].城市，2020（3）：3-10.

[17] 推进京津冀协同创新共同体建设，北京市人大常委会发布公告 [EB/OL].（2023-12-12）[2024-09-17]. https://www.ncsti.gov.cn/kjdt/xwjj/202312/t20231212_143986.html.

[18] 刘晖，李欣先，李慧玲.专业技术人才空间集聚与京津冀协同发展 [J].人口与发展，2018，24（6）：109-124，108.

[19] 张亚明，赵科，宋雯婕，等.区域科技成果转化政策工具的配置与优化分析：基于河北省的政策文本计量 [J].软科学，2024，38（1）：23-30.

[20] 王春城.政策精准性与精准性政策：“精准时代”的一个重要公共政策走向 [J].中国行政管理，2018（1）：51-57.

[21] 王正青，米娜瓦尔·米尔哈力.数字化转型背景下 G7 成员国数字教育政策比较研究：基于政策主体、工具与主题的三维分析 [J].中国电化教育，2024（2）：89-99.

[22] HOWLETT M. Policy instruments，policy styles，and policy implementation：national approaches to theories of instrument choice[J]. Policy studies journal，1991，19（2）：1-21.

[23] ROTHWELL R，ZEGVELD W. An assessment of government innovation poli-

cies[J]. Review of policy research，1984，3（3/4）：436-444.

[24] 赵鹏 . 北京科技成果转化结出硕果 [N]. 北京城市副中心报，2024-04-28（2）.

[25] 苏林，胡涵清，庄启昕，等 . 基于 LDA 和 SNA 的我国科技创新政策文本计量分析：以科技成果转化政策为例 [J]. 中国高校科技，2022（3）：37-43.

[26] 侯裕馨 . 我国科技政策的主体合作网络与主题演化研究 [J]. 图书情报导刊，2023，8（9）：60-69.

[27] 国家科技评估中心，中国科技评估与成果管理研究会 . 科技成果转化工作指南 [M]. 北京：北京理工大学出版社，2021.

附录 A：北京市 2014—2024 年科技成果转化政策文件

序号	政策文件	发文部门	年份
1	《关于进一步创新体制机制加快全国科技创新中心建设的意见》	中共北京市委、北京市人民政府	2014 年
2	《北京技术创新行动计划（2014—2017 年）》	北京市人民政府	2014 年
3	《加快推进高等学校科技成果转化和科技协同创新若干意见（试行）》	北京市人民政府办公厅	2014 年
4	《加快推进科研机构科技成果转化和产业化的若干意见（试行）》	北京市人民政府办公厅	2014 年
5	《关于在中关村国家自主创新示范区深入开展新技术新产品政府采购和推广应用工作的意见》	北京市人民政府办公厅	2014 年
6	《关于进一步加强金融支持小微企业发展的若干措施》	北京市人民政府办公厅	2014 年
7	《建立高等学校科技创新和成果转化项目储备制度实施细则（试行）》	北京市科学技术委员会、北京市教育委员会、北京市财政局、中关村科技园区管理委员会	2014 年
8	《北京市鼓励企业设立科技研究开发机构实施办法》	北京市科学技术委员会	2014 年
9	《北京市加强专利运用工作暂行办法》	北京市知识产权局、北京市发展和改革委员会、北京市经济和信息化委员会、北京市财政局、北京市地方税务局、北京市金融工作局	2015 年
10	《关于大力推进大众创业万众创新的实施意见》	北京市人民政府	2015 年
11	《关于加快首都科技服务业发展的实施意见》	北京市人民政府	2015 年
12	《市知识产权局等单位关于深入实施首都知识产权战略行动计划（2015—2020 年）》	北京市人民政府办公厅	2015 年

续表

序号	政策文件	发文部门	年份
13	《北京市属高等学校科技成果使用、处置和收入管理暂行办法》	北京市财政局、北京市教育委员会、北京市科学技术委员会 、北京市人力资源和社会保障局、中关村科技园区管理委员会	2015 年
14	《北京市进一步完善财政科研项目和经费管理的若干政策措施》	中共北京市委办公厅、北京市人民政府办公厅	2016 年
15	《北京市促进科技成果转移转化行动方案》	北京市人民政府办公厅	2016 年
16	《关于进一步优化提升生产性服务业加快构建高精尖经济结构的意见》	北京市人民政府	2016 年
17	《关于深化首都人才发展体制机制改革的实施意见》	中共北京市委	2016 年
18	《中关村国家自主创新示范区产业发展资金管理办法》	中关村科技园区管理委员会	2016 年
19	《关于推动中关村国家自主创新示范区一区多园统筹协同发展的指导意见》	中关村科技园区管理委员会	2016 年
20	《北京高等学校卓越青年科学家计划管理办法》	北京市教育委员会、北京市财政局	2017 年
21	《关于优化人才服务促进科技创新推动高精尖产业发展的若干措施》	北京市人民政府	2017 年
22	《北京实验室建设发展规划(2017—2035)》	北京市教育委员会	2017 年
23	《北京市属高等学校科技创新平台建设管理办法》	北京市教育委员会、北京市财政局	2017 年
24	《关于支持和鼓励高校、科研机构等事业单位专业技术人员创新创业的实施意见》	北京市人力资源和社会保障局	2017 年
25	《北京市科技创新基地培育与发展工程专项管理办法(试行)》	北京市科学技术委员会	2018 年
26	《首都科技创新券资金管理办法》	北京市财政局、北京市科学技术委员会	2018 年
27	《关于优化住房支持政策服务保障人才发展的意见》	北京市住房和城乡建设委员会、北京市人才工作领导小组办公室、北京市发展和改革委员会、北京市财政局、北京市人力资源和社会保障局、北京市规划和国土资源管理委员会	2018 年
28	《北京市引进人才管理办法(试行)》	北京市人力资源和社会保障局	2018 年

续表

序号	政策文件	发文部门	年份
29	《关于加快科技创新构建高精尖经济结构用地政策的意见（试行）》	北京市人民政府	2018 年
30	《关于促进中国科学院科技成果在京转移转化的若干措施》	中国科学院科技促进发展局、中国科学院北京分院、中关村科技园区管理委员会	2018 年
31	《中关村国家自主创新示范区关于支持颠覆性技术创新的指导意见》	中关村科技园区管理委员会	2018 年
32	《北京市知识产权资助金管理办法（试行）》	北京市知识产权局	2019 年
33	《关于印发〈北京市农业科技园区发展规划（2019—2025 年）〉和〈北京市农业科技园区管理办法（试行）〉的通知》	北京市科学技术委员会、北京市农业农村局、北京市水务局、北京市园林绿化局、北京市农林科学院	2019 年
34	《关于加快推进北京经济技术开发区和亦庄新城高质量发展的实施意见》	北京市人民政府	2019 年
35	《北京市促进科技成果转化条例》	北京市人民代表大会常务委员会	2019 年
36	《强化创新驱动科技支撑北京乡村振兴行动方案（2018—2020 年）》	北京市科学技术委员会、北京市农业农村局、北京市园林绿化局、北京市水务局	2019 年
37	《关于新时代深化科技体制改革加快推进全国科技创新中心建设的若干政策措施》	北京市人民政府	2019 年
38	《"一带一路"科技创新北京行动计划（2019—2021 年）》	北京市科学技术委员会、中关村科技园区管理委员会	2019 年
39	《关于精准支持中关村国家自主创新示范区重大前沿项目与创新平台建设的若干措施》	中关村科技园区管理委员会	2019 年
40	《中关村国家自主创新示范区提升创新能力优化创新环境支持资金管理办法》	中关村科技园区管理委员会	2019 年
41	《中关村国家自主创新示范区促进科技金融深度融合创新发展支持资金管理办法》	中关村科技园区管理委员会	2019 年
42	《中关村国家自主创新示范区一区多园协同发展支持资金管理办法》	中关村科技园区管理委员会	2019 年
43	《中关村国家自主创新示范区优化创业服务促进人才发展支持资金管理办法》	中关村科技园区管理委员会	2019 年
44	《关于加大金融支持科创企业健康发展的若干措施》	北京市地方金融监督管理局、中国人民银行营业管理部、中国银行保险监督管理委员会北京监管局、中国证券监督管理委员会北京监管局	2020 年

续表

序号	政策文件	发文部门	年份
45	《北京市中小企业知识产权集聚发展示范区认定和管理办法（试行）》	北京市知识产权局、北京市科学技术委员会、中关村科技园区管理委员会	2020 年
46	《中关村国家自主创新示范区中关村前沿技术创新中心建设管理办法》	中关村科技园区管理委员会	2020 年
47	《关于强化高价值专利运营 促进科技成果转化的若干措施》	中关村科技园区管理委员会	2020 年
48	《关于进一步提升北京高校专利质量加快促进科技成果转移转化的意见》	北京市教育委员会	2020 年
49	《中关村国家自主创新示范区关于推进特色产业园建设提升分园产业服务能力的指导意见》	中关村科技园区管理委员会	2020 年
50	《北京市科技成果信息系统管理和使用办法》	北京市科学技术委员会、中关村科技园区管理委员会	2021 年
51	《关于支持发展高端仪器装备和传感器产业的若干政策措施》	北京市人民政府	2021 年
52	《北京市加快医药健康协同创新行动计划（2021—2023 年）》	北京市人民政府办公厅	2021 年
53	《北京高校科研创新发展行动计划（2022—2024 年）》	北京市教育委员会	2021 年
54	《北京市推进“一带一路”高质量发展行动计划（2021—2025 年）》	北京市发展和改革委员会	2021 年
55	《北京市“十四五”时期国际科技创新中心建设规划》	中共北京市委、北京市人民政府	2021 年
56	《北京市关于促进“专精特新”中小企业高质量发展的若干措施》	北京市经济和信息化局	2021 年
57	《关于促进专利转化实施 助力中小企业创新发展的专项工作方案（2021—2023 年）》	北京市知识产权局 、北京市财政局	2021 年
58	《北京市“十四五”时期高精尖产业发展规划》	北京市人民政府	2021 年
59	《“十四五”时期中关村国家自主创新示范区发展建设规划》	北京市科学技术委员会、中关村科技园区管理委员会	2021 年
60	《关于进一步加强中关村海外人才创业园建设的意见》	中关村科技园区管理委员会	2021 年

续表

序号	政策文件	发文部门	年份
61	《北京市关于落实完善科技成果评价机制的实施意见》	北京市科学技术委员会、中关村科技园区管理委员会、北京市教育委员会、北京市经济和信息化局、北京市财政局、北京市人力资源和社会保障局、北京市卫生健康委员会、北京市市场监督管理局、北京市人民政府、国有资产监督管理委员会、北京市地方金融监督管理局、北京市知识产权局、北京市科学技术协会	2022 年
62	《关于推动北京市技术经理人队伍建设工作方案（2022—2025 年）》	北京市科学技术委员会、中关村科技园区管理委员会、北京市人力资源和社会保障局、北京市教育委员会、北京市卫生健康委员会、北京市人才工作局	2022 年
63	《北京市营商环境创新试点工作实施方案》	北京市人民政府	2022 年
64	《北京市关于支持外资研发中心设立和发展的规定》	北京市人民政府办公厅	2022 年
65	《北京市支持高校毕业生就业创业若干措施》	北京市人民政府办公厅	2022 年
66	《北京市关于推动公立医院高质量发展的实施方案》	北京市人民政府办公厅	2022 年
67	《北京高等学校高精尖创新中心建设项目管理办法》	北京市教育委员会、北京市财政局	2022 年
68	《关于促进本市新型基础设施投资中新技术新产品推广应用的若干措施》	北京市经济和信息化局、北京市财政局	2022 年
69	《关于对科技创新企业给予全链条金融支持的若干措施》	北京市地方金融监督管理局、北京市科学技术委员会、中关村科技园区管理委员会、中国人民银行营业管理部、中国银行保险监督管理委员会北京监管局、中国证券监督管理委员会北京监管局、北京市海淀区人民政府	2022 年
70	《北京市关于实施“三大工程”进一步支持和服务高新技术企业发展的若干措施》	北京市人民政府办公厅	2022 年
71	《关于推动中关村加快建设世界领先科技园区的若干政策措施》	北京市科学技术委员会、中关村科技园区管理委员会	2022 年

续表

序号	政策文件	发文部门	年份
72	《中关村国家自主创新示范区提升企业创新能力支持资金管理办法（试行）》	北京市科学技术委员会、中关村科技园区管理委员会	2022 年
73	《中关村国家自主创新示范区优化创新创业生态环境支持资金管理办法（试行）》	北京市科学技术委员会、中关村科技园区管理委员会	2022 年
74	《中关村国家自主创新示范区提升国际化发展水平支持资金管理办法（试行）》	北京市科学技术委员会、中关村科技园区管理委员会	2022 年
75	《北京市小型微型企业创业创新示范基地管理办法》	北京市经济和信息化局	2022 年
76	《关于促进本市国有科技成果与知识产权转化 推进知识产权要素市场建设的指导意见》	北京市地方金融监督管理局、北京市人民政府国有资产监督管理委员会、北京市科学技术委员会、中关村科技园区管理委员会、北京市财政局、北京市教育委员会、北京市卫生健康委员会、北京市农业农村局、北京市知识产权局	2022 年
77	《北京市专利转化专项资金实施细则》	北京市财政局、北京市知识产权局	2022 年
78	《关于加快促进北京市研究型病房优质高效发展的若干措施》	北京市卫生健康委员会、北京市科学技术委员会、中关村科技园区管理委员会、北京市药品监督管理局、北京市医疗保障局、北京市教育委员会、北京市经济和信息化局、北京市发展和改革委员会、北京市人力资源和社会保障局、北京市财政局、中国银行保险监督管理委员会北京监管局、北京市地方金融监督管理局、北京市中医管理局	2022 年
79	《关于加快建设高质量创业投资集聚区的若干措施》	北京市科学技术委员会、中关村科技园区管理委员会、北京市地方金融监督管理局、北京市财政局、中国人民银行营业管理部、中国银行保险监督管理委员会北京监管局、中国证券监督管理委员会北京监管局、北京市朝阳区人民政府	2022 年

续表

序号	政策文件	发文部门	年份
80	《北京市科技成果转化工作评价方案》	北京市科学技术委员会、中关村科技园区管理委员会、北京市教育委员会、北京市财政局、北京市人力资源和社会保障局、北京市卫生健康委员会	2022年
81	《关于开展中关村国家自主创新示范区核心区高等院校、科研机构和医疗卫生机构职务科技成果转化管理改革试点实施方案》	北京市科学技术委员会、中关村科技园区管理委员会、北京市教育委员会、北京市经济和信息化局、北京市财政局、北京市卫生健康委员会	2022年
82	《关于北京保险业支持科技创新和高精尖产业高质量发展的通知》	中国银保监会北京监管局、北京市科学技术委员会、中关村科技园区管理委员会、北京市地方金融监督管理局、北京市经济和信息化局 、北京市知识产权局	2022年
83	《北京市创新联合体组建工作指引》	北京市科学技术委员会、中关村科技园区管理委员会、北京发展和改革委员会、北京市经济和信息化局、北京市教育委员会、中共北京市委网络安全和信息化委员会办公室	2022年
84	《中关村国家自主创新示范区促进园区高质量发展支持资金管理办法（试行）》	北京市科学技术委员会、中关村科技园区管理委员会	2022年
85	《北京市科技新星计划管理办法（修订版）》	北京市科学技术委员会、中关村科技园区管理委员会	2022年
86	《北京市技术转移机构及技术经理人登记办法》	北京市科学技术委员会、中关村科技园区管理委员会	2022年
87	《关于北京市全面优化营商环境打造“北京服务”的意见》	中共北京市委、北京市人民政府	2023年
88	《北京市加快建设具有全球影响力的人工智能创新策源地实施方案（2023—2025年）》	北京市人民政府	2023年
89	《北京市贯彻落实加快建设全国统一大市场意见的实施方案》	北京市人民政府	2023年
90	《北京市全面优化营商环境助力企业高质量发展实施方案》	北京市人民政府办公厅	2023年
91	《北京市机器人产业创新发展行动方案（2023—2025年）》	北京市人民政府办公厅	2023年

续表

序号	政策文件	发文部门	年份
92	《北京市关于进一步支持外资研发中心发展的若干措施》	北京市人民政府办公厅	2023 年
93	《北京市促进未来产业创新发展实施方案》	北京市人民政府办公厅	2023 年
94	《北京市中关村国家自主创新示范区建设科创金融改革试验区实施方案》	北京市人民政府办公厅	2023 年
95	《北京市关于推动科技企业孵化器创新发展的指导意见》	北京市人民政府办公厅	2023 年
96	《首都卫生健康领域知识产权管理工作指南》	北京市卫生健康委员会、北京市知识产权局	2023 年
97	《关于加快推动北京高校基础研究高质量发展的意见》	北京市教育委员会、北京市财政局	2023 年
98	《北京市深化卫生专业技术人员职称制度改革实施办法》	北京市人力资源和社会保障局、北京市卫生健康委员会	2023 年
99	《北京市落实重点群体创业推进行动工作方案》	北京市人力资源和社会保障局、北京市发展和改革委员会、北京市教育委员会、北京市经济和信息化局、北京市财政局、北京市农业农村局、中国人民银行营业管理部、北京市市场监督管理局	2023 年
100	《北京市智能建造试点城市工作方案》	北京市住房和城乡建设委员会	2023 年
101	《标杆孵化器培育行动方案（2022—2025 年）》	北京市科学技术委员会、中关村科技园区管理委员会、北京市教育委员会、北京市经济和信息化局、北京市财政局、北京市人民政府国有资产监督管理委员会	2023 年
102	《关于北京市推动先进制造业和现代服务业深度融合发展的实施意见》	北京市发展和改革委员会、北京市科学技术委员会、中关村科技园区管理委员会、北京市经济和信息化局、北京市财政局、北京市人力资源和社会保障局、北京市规划和自然资源委员会、北京市商务局、北京市市场监督管理局、北京市人民政府国有资产监督管理委员会、北京市统计局、北京市地方金融监督管理局	2023 年

续表

序号	政策文件	发文部门	年份
103	《北京市深化实验技术人才职称制度改革实施办法》	北京市人力资源和社会保障局、北京市教育委员会	2023年
104	《关于推进京津冀协同创新共同体建设的决定》	北京市人民代表大会常务委员会	2023年
105	《北京市共性技术平台建设工作指引》	北京市科学技术委员会、中关村科技园区管理委员会	2023年
106	《北京市重点实验室认定与管理办法（试行）》	北京市科学技术委员会、中关村科技园区管理委员会	2023年
107	《中关村高新技术企业培育服务办法（试行）》	北京市科学技术委员会、中关村科技园区管理委员会	2023年
108	《首都科技条件平台与科技创新券实施办法（修订版）》	北京市科学技术委员会、中关村科技园区管理委员会	2023年
109	《北京市关于新时期推动大学科技园改革创新发展的指导意见》	北京市科学技术委员会、中关村科技园区管理委员会、北京市教育委员会	2023年
110	《北京市科技计划项目（课题）管理办法》	北京市科学技术委员会、中关村科技园区管理委员会	2023年
111	《关于加强中关村国家自主创新示范区特色产业园建设的指导意见》	北京市科学技术委员会、中关村科技园区管理委员会	2023年
112	《北京市加快商业航天创新发展行动方案（2024—2028年）》	北京市人民政府办公厅	2024年
113	《2024年北京市全面优化营商环境工作要点》	北京市人民政府办公厅	2024年
114	《北京市加快医药健康协同创新行动计划（2024—2026年）》	北京市人民政府办公厅	2024年
115	《北京国际科技创新中心建设条例》	北京市人民代表大会常务委员会	2024年
116	《北京市加快建设信息软件产业创新发展高地行动方案》	北京市经济和信息化局	2024年
117	《关于促进中关村延庆园无人机产业创新发展行动方案（2024—2026年）》	北京市科学技术委员会、中关村科技园区管理委员会、北京市延庆区人民政府	2024年

附录B：天津市2014—2024年科技成果转化政策文件

序号	政策文件	发文部门	年份
1	《关于开展科技企业孵化器“强能力”活动的通知》	天津市科学技术委员会	2014年
2	《天津市改革工商登记制度方案》	天津市工商行政管理局办公室	2014年
3	《天津市高等学校科技成果转化奖励项目专项资金管理办法》	天津市财政局、天津市教育委员会	2015年
4	《天津国家自主创新示范区创新生态系统建设项目实施方案》	天津市科学技术委员会、天津市财政局	2016年
5	《天津市高新技术产业化项目管理暂行办法》	天津市发展和改革委员会	2016年
6	《关于加快推进知识产权强市建设的实施意见》	天津市人民政府办公厅	2016年
7	《贯彻落实〈国务院关于大力推进大众创业万众创新若干政策措施的意见〉任务分工》	天津市人民政府办公厅	2016年
8	《天津市建设领域推广应用新技术实施细则》	天津市住房和城乡建设委员会	2016年
9	《天津市加快推进制造业与互联网融合发展实施方案》	天津市人民政府办公厅	2016年
10	《天津市促进高校科技成果转移转化工作的实施意见》	天津市教育委员会、天津市科学技术委员会、天津市财政局、天津市人力资源和社会保障局、天津市知识产权局	2017年
11	《天津市“一带一路”科技创新合作专项管理办法（试行）》	天津市科学技术委员会	2017年
12	《天津市促进科技成果转化条例》	天津市人民代表大会常务委员会	2017年
13	《天津市贯彻服务业创新发展大纲（2017—2025年）实施意见》	天津市发展和改革委员会	2017年
14	《天津市深化科技奖励制度改革方案》	天津市人民政府办公厅	2017年
15	《天津市新一轮中小企业创新转型行动计划（2017—2020年）》	天津市人民政府办公厅	2017年

续表

序号	政策文件	发文部门	年份
16	《天津市深入推行科技特派员制度行动方案》	天津市科学技术委员会、天津市人力资源和社会保障局、天津市农村工作委员会、天津市教育委员会、天津市财政局	2017年
17	《市科委落实〈中共天津市委 天津市人民政府关于营造企业家创业发展良好环境的规定〉的实施细则》	天津市科学技术委员会	2018年
18	《天津市科技成果转化再支持实施细则（试行）》	天津市科学技术委员会	2018年
19	《天津市促进科技成果转化交易项目管理办法》	天津市科学技术委员会	2018年
20	《关于加快产业技术研究院建设发展的若干意见》	天津市人民政府办公厅	2018年
21	《关于修订天津市天使投资引导基金管理暂行办法及实施细则的通知》	天津市科学技术委员会、天津市财政局	2018年
22	《天津市产业技术研究院认定与考核管理办法（试行）》	天津市科学技术委员会	2018年
23	《加快推进智能科技产业发展实施方案》	天津市教育委员会	2018年
24	《天津市技术领先型企业认定办法（试行）》	天津市科学技术委员会	2018年
25	《天津市科技领军企业和领军培育企业认定补助办法（试行）》	天津市科学技术委员会	2018年
26	《天津市农业科技园区管理办法》	天津市科学技术委员会、天津市农村工作委员会	2018年
27	《天津市生物医药产业发展三年行动计划（2018—2020年）》	天津市人民政府办公厅	2018年
28	《天津市推动产业技术创新战略联盟构建与发展的实施办法（试行）》	天津市科学技术局	2018年
29	《天津市新材料产业发展三年行动计划（2018—2020年）》	天津市人民政府办公厅	2018年
30	《天津市新能源产业发展三年行动计划（2018—2020年）》	天津市人民政府办公厅	2018年
31	《天津市新一代人工智能产业发展三年行动计划（2018—2020年）》	天津市人民政府办公厅	2018年

续表

序号	政策文件	发文部门	年份
32	《天津市加强质量认证体系建设促进全面质量管理实施方案》	天津市人民政府	2018 年
33	《天津市人工智能“七链”精准创新行动计划（2018—2020 年）》	天津市人民政府办公厅	2018 年
34	《天津市企业研发投入后补助暂行办法》	天津市科学技术局、天津市财政局、国家税务总局天津市税务局	2018 年
35	《天津市农业科技园区建设方案（2018—2025 年）》	天津市科学技术委员会、天津市农村工作委员会	2018 年
36	《关于促进市内六区高端服务业集聚发展的指导意见》	天津市人民政府办公厅	2019 年
37	《天津市创新型企业领军计划》	天津市人民政府	2019 年
38	《天津市科技创新券管理办法》	天津市科学技术局、天津市财政局	2019 年
39	《天津市科技企业孵化器管理办法》	天津市科学技术局	2019 年
40	《天津市科研院所技术开发工作扶持经费管理办法》	天津市科学技术局、天津市财政局	2019 年
41	《天津市中长期职业技能培训规划（2019—2025 年）》	天津市人民政府	2019 年
42	《天津市职业技能提升行动实施方案（2019—2021 年）》	天津市人民政府办公厅	2019 年
43	《关于修订〈天津市科技发展事业专项资金管理办法〉的通知》	天津市科学技术局、天津市财政局	2019 年
44	《关于构建天津市市场导向的绿色技术创新体系的落实方案》	天津市科学技术局、天津市发展和改革委员会	2019 年
45	《天津市关于促进文化和科技深度融合的实施意见》	天津市科学技术局、中共天津市委宣传部、中共天津市委网信办、天津市财政局、天津市文化和旅游局	2020 年
46	《关于加快推进 5G 发展的实施意见》	天津市人民政府	2020 年
47	《天津市建设国家新一代人工智能创新发展试验区行动计划》	天津市人民政府办公厅	2020 年
48	《天津市氢能产业发展行动方案（2020—2022 年）》	天津市人民政府办公厅	2020 年

续表

序号	政策文件	发文部门	年份
49	《天津市全面深化服务贸易创新发展试点实施方案》	天津市人民政府办公厅	2020 年
50	《天津市关于进一步支持发展智能制造的政策措施》	天津市人民政府办公厅	2020 年
51	《天津市科技专家库管理办法》	天津市科学技术局	2020 年
52	《天津市加强和改进招商引资工作的若干措施》	天津市人民政府	2020 年
53	《印发关于建立高成长初创科技型企业专项投资扶持机制的意见和天津市高成长初创科技型企业专项投资管理暂行办法的通知》	天津市科学技术局、天津市财政局	2020 年
54	《天津市“政银保”合作机制实施方案》	天津市科学技术局、天津市财政局	2021 年
55	《天津市“十四五”时期科学技术普及发展规划》	天津市科学技术局、天津市科学技术协会	2021 年
56	《天津市金融业发展“十四五”规划》	天津市人民政府办公厅	2021 年
57	《天津市企业科技特派员管理办法》	天津市科学技术局、天津市教育委员会	2021 年
58	《关于进一步支持中小微企业和个体工商户健康发展的若干措施》	天津市人民政府办公厅	2021 年
59	《天津市大型科研仪器设施开放共享管理办法》	天津市科学技术局	2021 年
60	《天津市国民经济和社会发展第十四个五年规划和二〇三五年远景目标纲要》	天津市人民政府	2021 年
61	《天津市加快数字化发展三年行动方案（2021—2023 年）》	天津市人民政府	2021 年
62	《关于修订天津市企业科技特派员管理办法的通知》	天津市科学技术局、天津市教育委员会	2021 年
63	《天津市企业研发投入后补助办法》	天津市科学技术局、天津市财政局、国家税务总局天津市税务局	2021 年
64	《天津市推进农业农村现代化“十四五”规划》	天津市人民政府办公厅	2021 年
65	《天津市新型基础设施建设三年行动方案（2021—2023 年）》	天津市人民政府办公厅	2021 年

续表

序号	政策文件	发文部门	年份
66	《天津市众创空间备案管理与绩效评估办法》	天津市科学技术局、天津市财政局	2021 年
67	《天津市加快发展外贸新业态新模式的若干措施》	天津市人民政府办公厅	2021 年
68	《关于核定享受“十四五”期间支持科技创新进口税收政策的科研院所等科研机构名单的实施办法》	天津市科学技术局、天津市财政局、天津市民政局、天津海关、国家税务总局天津市税务局	2021 年
69	《关于市属科研事业单位章程制定工作的实施意见》	天津市科学技术局、中共天津市委机构编制委员会办公室、天津市人力资源和社会保障局	2021 年
70	《天津市深化农业科技特派员制度行动计划（2021—2023 年）》	天津市科学技术局、天津市教育委员会、天津市财政局、天津市人力资源和社会保障局、天津市农业农村委员会、天津市金融工作局	2021 年
71	《天津市大学科技园认定与绩效评价管理办法》	天津市科学技术局、天津市教育委员会、天津市财政局	2021 年
72	《天津市科技支撑碳达峰碳中和实施方案（2022—2030 年）》	天津市科学技术局、天津市发展和改革委员会、天津市工业和信息化局、天津市生态环境局、天津市住房和城乡建设委员会、天津市交通运输委员会	2022 年
73	《天津市天使投资引导基金管理暂行办法》	天津市科学技术局、天津市财政局	2022 年
74	《天津市科普基地认定管理办法》	天津市科学技术局	2022 年
75	《贯彻落实〈科技部办公厅关于营造更好环境支持科技型中小企业研发的通知〉的工作方案》	天津市科学技术局	2022 年
76	《天津市对标国务院营商环境创新试点工作持续优化营商环境若干措施》	天津市人民政府办公厅	2022 年
77	《天津市贯彻落实“十四五”市场监管现代化规划实施方案》	天津市人民政府	2022 年
78	《天津市计量发展规划（2022—2035 年）》	天津市人民政府	2022 年
79	《天津市重点实验室建设与运行管理办法》	天津市科学技术局	2022 年
80	《关于完善科技成果评价机制的实施意见》	天津市人民政府办公厅	2022 年

续表

序号	政策文件	发文部门	年份
81	《天津市职业技能培训规定》	天津市人民政府	2022年
82	《天津市贯彻落实〈扎实稳住经济的一揽子政策措施〉实施方案》	天津市人民政府	2022年
83	《天津市推进产业用地高质量规划利用管理规定》	天津市人民政府办公厅	2022年
84	《天津市科学技术进步促进条例》	天津市人民代表大会常务委员会	2022年
85	《关于推动生产性服务领域平台经济健康发展的实施意见》	天津市人民政府办公厅	2023年
86	《关于进一步推进高校技术转移机构高质量发展的若干措施》	天津市人民政府办公厅	2023年
87	《天津市科技计划项目验收管理办法》	天津市科学技术局	2023年
88	《天津市"十四五"期间支持科普事业发展进口税收政策实施办法》	天津市科学技术局、天津市财政局、中共天津市委宣传部、天津市工业和信息化局、天津海关、国家税务总局天津市税务局、天津市文化和旅游局	2023年
89	《天津市贯彻落实科技部财政部〈企业技术创新能力提升行动方案(2022—2023年)〉的工作举措》	天津市科学技术局、天津市财政局	2023年
90	《天津市减轻青年科研人员负担专项行动工作方案》	天津市科学技术局、天津市财政局、天津市教育委员会、天津市人力资源和社会保障局、天津市科学技术协会、天津市妇女联合会	2023年
91	《关于深入推进金融创新运营示范区建设的方案》	天津市人民政府	2023年
92	《天津市促进港产城高质量融合发展的政策措施》	天津市人民政府办公厅	2023年
93	《天津市关于进一步深化新时代科学技术普及工作的实施意见》	天津市科普工作联席会议办公室	2023年
94	《天开高教科创园建设规划方案》	天津市人民政府	2023年
95	《关于推进京津冀协同创新共同体建设的决定》	天津市人民代表大会常务委员会	2023年
96	《天津市加快推动知识产权服务业高质量发展若干措施》	天津市知识产权局	2023年

续表

序号	政策文件	发文部门	年份
97	《天津市促进科技成果转化后补助办法》	天津市科学技术局、天津市财政局	2023 年
98	《关于支持天开高教科创园高质量发展的若干政策措施》	天津市人民政府	2023 年
99	《天津市人才发展促进条例》	天津市人民代表大会常务委员会	2024 年
100	《天津市促进医疗卫生机构科技成果转化实施方案（试行）》	天津市卫生健康委员会、中共天津市委组织部、天津市教育委员会、天津市科学技术局、天津市工业和信息化局、天津市财政局、天津市人力资源和社会保障局、天津市国有资产监督管理委员会、天津市医疗保障局、天津市知识产权局、国家税务总局天津市税务局	2024 年
101	《关于进一步推动科技成果转化创新改革的若干措施》	天津市人民政府	2024 年
102	《关于进一步支持天开高教科创园高质量发展若干政策措施》	天津市人民政府	2024 年
103	《天津市强化专利转化运用专项行动实施方案》	天津市人民政府办公厅	2024 年

附录C：河北省2014—2024年科技成果转化政策文件

序号	政策文件	发文部门	年份
1	《关于推动企业增加研发投入提升企业技术创新能力的实施意见》	河北省人民政府办公厅	2014年
2	《关于深化科技体制改革加快推进创新发展的实施意见》	中共河北省委、河北省人民政府	2015年
3	《关于促进科技金融深度融合的意见》	河北省人民政府	2015年
4	《关于大力推进大众创业万众创新若干政策措施的实施意见》	河北省人民政府	2015年
5	《关于发展众创空间推进大众创新创业的实施意见》	河北省人民政府	2015年
6	《关于加快科技服务业发展的实施意见》	河北省人民政府	2015年
7	《关于加强知识产权保护和运用工作的意见》	河北省人民政府	2015年
8	《关于深化省级财政科技计划（专项、基金等）管理改革的意见》	河北省人民政府	2015年
9	《关于深入实施创新驱动发展战略推进产业转型升级的意见》	中共河北省委、河北省人民政府	2015年
10	《关于推动科技创新平台和大型仪器设备面向社会开放服务的实施意见》	河北省人民政府	2015年
11	《河北省产业技术创新战略联盟构建与发展实施办法》	河北省科学技术厅	2015年

续表

序号	政策文件	发文部门	年份
12	《河北省促进高等学校和科研院所科技成果转化暂行办法实施细则》	河北省科学技术厅、河北省教育厅、河北省财政厅、河北人力资源和社会保障厅、河北省机构编制委员会办公室、河北省人民政府国有资产监督管理委员会、河北省国家税务局、河北省地方税务局	2015 年
13	《河北省省级技术创新引导专项（基金）后补助管理规定》	河北省财政厅、河北省科学技术厅	2015 年
14	《河北省促进科技成果转移转化行动计划（2016—2020 年）》	河北省人民政府办公厅	2016 年
15	《中国（河北）博士后成果转化基地管理办法》	河北省人力资源和社会保障厅	2016 年
16	《河北省科技创新“十三五”规划》	河北省人民政府	2016 年
17	《关于印发〈河北省山区创业奖励办法〉和〈河北省山区创业奖励办法实施细则〉的通知》	河北省科学技术厅	2016 年
18	《关于加快科技创新建设创新型河北的决定》	中共河北省委、河北省人民政府	2016 年
19	《河北省企业研究开发费用税前加计扣除项目鉴定办法》	河北省科学技术厅、河北省国家税务局、河北省地方税务局	2016 年
20	《河北省促进科技成果转化条例》	河北省人民代表大会常务委员会	2016 年
21	《河北省科技型中小企业成长计划（2016—2020 年）》	中共河北省委办公厅、河北省人民政府办公厅	2016 年
22	《关于改革完善博士后制度的实施意见》	河北省人民政府办公厅	2016 年
23	《河北省科技型中小企业贷款风险补偿实施细则（试行）》	河北省科学技术厅、河北省财政厅	2016 年
24	《河北 · 京南国家科技成果转移转化示范区建设实施方案（2017—2020 年）》	河北省人民政府办公厅	2017 年
25	《关于落实以增加知识价值为导向分配政策的实施意见》	中共河北省委办公厅、河北省人民政府办公厅	2017 年

续表

序号	政策文件	发文部门	年份
26	《河北省高新技术企业后备培育重点服务机构建设工作指引(暂行)》	河北省科学技术厅	2017年
27	《河北省省级产业技术研究院建设与运行管理办法(试行)》	河北省科学技术厅	2017年
28	《河北省专利条例》	河北省人民代表大会常务委员会	2017年
29	《加快推进科技创新的若干措施》	河北省人民政府办公厅	2017年
30	《支持中央驻冀科研院所科技成果转化的若干措施(试行)》	河北省科学技术厅	2017年
31	《促进县域经济高质量发展十条财政政策(试行)》	河北省人民政府	2018年
32	《河北省科技创新三年行动计划(2018—2020年)》	河北省人民政府	2018年
33	《河北省技术转移体系建设实施方案》	河北省人民政府	2018年
34	《河北省技术先进型服务企业认定管理办法(试行)》	河北省科学技术厅、河北省商务厅、河北省财政厅、河北省国家税务局、河北省地方税务局、河北省发展和改革委员会	2018年
35	《河北省科技创业投资和成果转化引导基金管理办法》	河北省科学技术厅	2018年
36	《关于推行终身职业技能培训制度加快技能强省建设的实施意见》	河北省人民政府	2019年
37	《关于进一步促进科技成果转化和产业化的若干措施》	河北省科学技术厅、河北省教育厅、河北省财政厅、河北省人力资源和社会保障厅	2019年
38	《关于加强科研诚信建设的实施意见》	中共河北省委办公厅、河北省人民政府办公厅	2019年
39	《关于深化项目评审、人才评价、机构评估改革的实施意见》	中共河北省委办公厅、河北省人民政府办公厅	2019年
40	《中国(河北)自由贸易试验区管理办法》	河北省人民政府	2019年
41	《关于加快5G发展的意见》	河北省人民政府办公厅	2019年

续表

序号	政策文件	发文部门	年份
42	《关于推动创新创业高质量发展打造“双创”升级版若干政策措施》	河北省人民政府	2019 年
43	《河北省推动科技服务业高质量发展实施方案（2019—2022 年）》	河北省人民政府办公厅	2019 年
44	《河北省县域科技创新跃升计划（2019—2025 年）》	河北省人民政府办公厅	2019 年
45	《关于深化“放管服”改革优化科研管理若干政策措施》	河北省人民政府	2019 年
46	《关于支持生物医药产业高质量发展的若干政策》	河北省人民政府办公厅	2019 年
47	《河北省创新能力提升计划科技研发平台建设专项实施细则（暂行）》	河北省科学技术厅	2019 年
48	《河北省国际科技合作基地管理办法》	河北省科学技术厅	2019 年
49	《河北省财政金融合力支持企业发展专项资金管理办法》	河北省财政厅	2019 年
50	《关于深化要素市场化配置改革的实施意见》	中共河北省委、河北省人民政府	2020 年
51	《河北省技术转移机构管理办法》	河北省科学技术厅	2020 年
52	《河北省省级科技创新券实施细则》	河北省科学技术厅	2020 年
53	《河北省促进科技成果转化和产业化资金使用实施细则（暂行）》	河北省科学技术厅	2020 年
54	《河北省科学技术进步条例》	河北省人民代表大会常务委员会	2020 年
55	《关于提升“双创”示范基地作用进一步促改革稳就业强动能的若干措施》	河北省人民政府办公厅	2020 年
56	《关于促进高新技术产业开发区高质量发展的实施意见》	河北省人民政府	2020 年

续表

序号	政策文件	发文部门	年份
57	《河北省农业科技成果转化与技术推广服务财政补助资金管理办法》	河北省财政厅、河北省科学技术厅 河北省农业农村厅	2020年
58	《河北省国际科技合作基地建设补助资金实施细则(试行)》	河北省科学技术厅、河北省财政厅	2020年
59	《河北省县域科技创新跃升计划奖励资金实施细则(试行)》	河北省科学技术厅、河北省财政厅	2020年
60	《河北省省级科技计划项目管理办法》	河北省科学技术厅	2020年
61	《关于支持承德市建设国家可持续发展议程创新示范区的若干政策措施》	河北省人民政府办公厅	2020年
62	《河北省科技企业贷款风险补偿实施细则》	河北省科学技术厅	2020年
63	《河北省重大科技成果转化行动实施方案》	河北省科学技术厅	2021年
64	《河北省科学技术奖励办法》	河北省人民政府	2021年
65	《河北省科技领军企业培育实施方案》	河北省科学技术厅	2021年
66	《河北省院士合作重点单位管理办法(试行)》	河北省科学技术厅	2021年
67	《关于大力推进科技创新工作的若干措施》	中共河北省委办公厅、河北省人民政府办公厅	2021年
68	《关于完善科技成果评价机制的实施意见》	河北省人民政府办公厅	2021年
69	《关于改革完善省级财政科研经费使用管理的若干措施》	河北省人民政府办公厅	2021年
70	《关于贯彻落实习近平总书记在两院院士大会中国科协第十次全国代表大会上重要讲话精神进一步做好科技创新工作的意见》	河北省人民政府办公厅	2021年
71	《关于支持医药产业发展的若干措施》	河北省人民政府办公厅	2021年

续表

序号	政策文件	发文部门	年份
72	《财政引导金融支持实体经济发展十条措施》	河北省人民政府办公厅	2021 年
73	《河北省科技成果展示交易中心技术转移（交易）奖补资金使用实施细则》	河北省科学技术厅	2021 年
74	《河北省科技创新“十四五”规划》	河北省人民政府办公厅	2021 年
75	《河北省县域特色产业提质升级工作方案（2021—2025 年）》	河北省人民政府办公厅	2021 年
76	《河北省中央引导地方科技发展资金管理实施细则》	河北省财政厅、河北省科学技术厅	2021 年
77	《河北省科学技术奖励办法实施细则》	河北省科学技术厅	2022 年
78	《关于联动实施“四个一批”项目推动科技创新与实体经济深度融合实施方案》	河北省科学技术厅	2022 年
79	《河北省科技计划项目“揭榜挂帅”组织实施工作指引》	河北省科学技术厅	2022 年
80	《河北省合作共建科技平台示范基地申报工作指引》	河北省科学技术厅	2022 年
81	《技术创新引导专项资金管理办法》	河北省财政厅、河北省科学技术厅	2022 年
82	《创新能力提升专项资金管理办法》	河北省财政厅、河北省科学技术厅	2022 年
83	《河北省基础研究重大项目管理办法》	河北省科学技术厅	2022 年
84	《河北省基础学科研究中心建设与运行管理办法》	河北省科学技术厅	2022 年
85	《关于进一步吸引京津科技成果在冀转移转化的若干措施》	河北省人民政府办公厅	2022 年
86	《河北省关于新时代进一步加强科学技术普及工作的若干措施》	河北省科技创新工作领导小组	2022 年
87	《关于印发扎实稳定全省经济运行的一揽子措施及配套政策的通知》	河北省人民政府	2022 年

续表

序号	政策文件	发文部门	年份
88	《河北省县域特色产业集群"领跑者"企业培育行动方案》	河北省人民政府办公厅	2022年
89	《河北省技术创新中心建设与运行管理办法》	河北省科学技术厅	2023年
90	《河北省科技型中小企业评价服务办法》	河北省科学技术厅	2023年
91	《关于印发〈河北省农业科技园区管理办法〉〈河北省农业科技园区评估管理实施细则〉的通知》	河北省科学技术厅	2023年
92	《河北省企业研发费用加计扣除项目鉴定办法》	河北省科学技术厅、国家税务总局河北省税务局	2023年
93	《河北省新型研发机构管理办法》	河北省科学技术厅	2023年
94	《河北省创新创业大赛管理办法》	河北省科学技术厅	2023年
95	《河北省重点实验室建设与运行管理办法》	河北省科学技术厅	2023年
96	《河北省产业创新中心建设工作指引(修订)》	河北省发展和改革委员会	2023年
97	《加快河北省战略性新兴产业融合集群发展行动方案(2023—2027年)》	河北省人民政府办公厅	2023年
98	《河北省质量强省建设行动方案(2023—2027年)》	河北省人民政府办公厅	2023年
99	《关于申报2024年度中央引导地方科技发展资金项目的通知》	河北省科学技术厅	2024年
100	《河北省企业技术中心管理办法(修订)》	河北省发展和改革委员会、河北省科学技术厅、国家税务总局河北省税务局、石家庄海关	2024年
101	《河北省高技术产业发展项目管理办法(修订)》	河北省发展和改革委员会	2024年